U0633256

ZHONGGUO NONGCUN LIUSHOU ERTONG SHEHUI
BAOZHANG FALÜ WENTI YANJIU

中国农村留守儿童社会保障法律问题研究

董溯战◎著

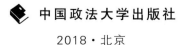
中国政法大学出版社

2018·北京

声　明　1．版权所有，侵权必究。

　　　　2．如有缺页、倒装问题，由出版社负责退换。

图书在版编目（ＣＩＰ）数据

中国农村留守儿童社会保障法律问题研究/董溯战著. —北京：中国政法大学出版社，2018.10

ISBN 978-7-5620-7975-0

Ⅰ.①中…　Ⅱ.①董…　Ⅲ.①农村－未成年人保护法－研究－中国　Ⅳ.①D922.74

中国版本图书馆CIP数据核字（2018）第237710号

出 版 者	中国政法大学出版社
地　　址	北京市海淀区西土城路 25 号
邮寄地址	北京 100088 信箱 8034 分箱　邮编 100088
网　　址	http://www.cuplpress.com（网络实名：中国政法大学出版社）
电　　话	010-58908289(编辑部) 58908334(邮购部)
承　　印	固安华明印业有限公司
开　　本	880mm×1230mm　1/32
印　　张	7.5
字　　数	190 千字
版　　次	2018 年 10 月第 1 版
印　　次	2018 年 10 月第 1 次印刷
定　　价	35.00 元

总序

General Preface

　　东海之滨，黄浦江畔，乘着依法治国建设社会主义法治国家的东风，一所年轻的法学院正以追求卓越的精神砥砺前行，她就是华东理工大学法学院。

　　华东理工大学法学院于 2006 年成立，其前身是始建于 2000 年的人文学院法律系。建院以来，法学院依托学校理工优势学科，努力探索一条以文理交叉为特色的新型法学院发展之路。法学院现有在编教职员工 35 人，拥有一支高素质的专职教师队伍。在 27 名专职教师中，教授 8 人、副教授 11 人，博士和博士候选人 20 人，有海外留学经历的 13 人。此外，还有国内外兼职教授 16 人。

　　根据法学院"十二五发展规划"，法学院确立了三个重点研究方向：一是以法社会学为特色的法学理论方向；二是发挥我校化工科学基础学科与法学专业有机结合的优势，文理兼容，以知识产权法、能源法、食品药品安全监管法为特色的经济法方向；三是充分关注我国当前乃至相当长的时间内非常重要且法学界基本处于相同研究水平的社会立法研究领域，以司法制度创新、劳动与社会保障法、社会管理法为特色的社会法方向。以这三个学科带动法学院学科建设整体水平的提高，形成"强化优势、突出特色、相互支撑"的学科体系，把法学院建成优势学科与特色方向居于国内法学先进行列、在相同和相近学科领域拥有较高国际知名度的研究型法学院。

为凝聚研究力量，培育和发展优势学科，法学院先后成立了能源和资源环境法研究中心、知识产权法研究中心、法社会学研究中心、食品药品监管研究中心、人权与法治研究中心等研究机构，有效地推动了学院科研水平的提高。2010 年以来，法学院教师共承担科研项目 116 项，其中省部级以上纵向课题 32 项，横向课题 84 项；发表论文 300 多篇，其中核心期刊论文 150 多篇；出版学术专著和教材共计 28 本，参编专著和教材共计 11 本。科研水平的提高带动了法学院的学科建设，学院现有法律社会学二级博士点，法学专业一级学科硕士点，法律硕士（法学、非法学）专业学位授予点以及法学、知识产权第二学士学位两个本科专业。

2011 年，为支持法学院的发展，学校设立了"法学学科建设暨青年教师卓越促进计划"。2012 年 10 月，法学院在激烈的竞争中脱颖而出，获得"上海市卓越法律人才培养基地"建设立项。通过"卓越促进计划"和"卓越法律人才培养基地"的建设，建设一支卓越的教师队伍，产出一批卓越的科研成果，培养出一大批卓越的法律人才，将华东理工大学法学院建设成为一所卓越的法学院。呈现在读者面前的这套"华东理工大学卓越法学文库"就是我们的阶段性成果，是法学院教师特别是青年教师科研成果的一次集体亮相，我们很高兴能够与各位读者分享我们的成果并接受学界同行的检验。

华东理工大学卓越法学文库编委会
2015 年 4 月 28 日

目录

第一章

中国农村留守儿童问题及其社会
保障制度的初步分析

随着改革开放后中国经济体制改革的推进，越来越多的农民为寻找工作机会而流到外地，走向城镇。许多外出务工农民[1]被迫把自己的未成年子女或者自己监护的未成年人留在农村，从而形成了庞大的农村留守儿童群体。监护人的长期外出不仅影响着农村留守儿童的基本生活权、受教育权、健康权、受照管权等权利的实现，而且将制约中国未来人口素质的提高，延缓中国社会转型，削弱中国经济社会发展的可持续性。尽管政府及社会各界非常重视农村留守儿童问题，并采取了诸多措施保障农村留守儿童的生存权和发展权，但稳定、系统、规范的制度，特别是社会保障法律制度，并未形成。为探讨如何建立系统的农村留守儿童社会保障法律制度，有必要对中国的农村留守儿童主要问题及其研究状况与成因、中国现有的农村留守儿童社会保障制度及其不足进行分析。

---

〔1〕 本书中的"务工农民"是指从事合法雇佣劳动的农村户籍公民，可分为在农村从事合法雇佣劳动的农村户籍公民和在城镇从事合法雇佣劳动的农村户籍公民，本书侧重于研究后者，即进城务工农民。本书中的"务工农民"就是各类文献中所称的"农民工"，除少量必要之处外，本书主要使用"务工农民"一词。

第一节　中国农村留守儿童问题及研究综述

研究农村留守儿童社会保障法律制度之前，不仅需要厘清农村留守儿童的内涵和外延，还要对中国面临的农村留守儿童主要问题及其研究状况进行梳理和分析。

一、农村留守儿童的概念

本书所说的农村留守儿童是指父母双方或一方外出务工，或非父母监护人[1]的部分或全部外出务工而被留在农村的未满18周岁的农村户籍未成年人。对于该界定，应当从以下几个方面把握：

第一，本书把农村留守儿童界定为未成年人，即年龄不满18周岁的人。国内外对儿童的年龄有不同界定。联合国《儿童权利公约》把儿童界定为"18岁以下的任何人，除非对其适用之法律规定成年年龄低于18岁"；[2]民政部2001年颁布的《儿童社会福利机构基本规范》把儿童界定为"14周岁及以下的人口"，并按照生长发育及生理特点把儿童区分为新生儿、婴儿、幼儿、学龄前儿童和学龄期儿童五个阶段。[3]国务院颁布的《关于加强农村留守儿童关爱保护工作的意见》（国发〔2016〕

---

〔1〕　为方便起见，下文主要论述父母作为监护人的农村留守儿童问题，但基本原理同样适用于非父母作为监护人的农村留守儿童问题。

〔2〕《儿童权利公约》（联合国大会1989年11月20日），第1条。

〔3〕《中华人民共和国行业标准（MZ010－2001）儿童社会福利机构基本规范》（民发〔2001〕24号，2001年2月6日），第2条。

13 号）把农村留守儿童认定为"不满 16 周岁的未成年人"[1]。也有研究者对儿童和农村留守儿童年龄同时做出了明确界定。全国妇联的研究报告把儿童与农村留守儿童的年龄都界定为"18 岁以下（0～17 岁）"。[2] 中国现行《未成年人保护法》未明确"未成年人"和"儿童"的关系，只把"未成年人"界定为"未满 18 周岁的公民"。[3] 由于成年以前的人发育尚未完全成熟，大多不具备完全的生存能力，且处于尚未完成中等教育的年龄阶段，需要成年人监护，所以，监护人的长期外出对其影响较为明显。我国法律对人的民事行为能力年龄的规定也体现了这一点，即 8 周岁以下的人和 8 周岁以上不满 18 周岁的人分别为无民事行为能力人和限制民事行为能力人；只有能够以自己的劳动收入作为主要生活来源的 16 周岁以上不满 18 周岁的人才可被认定为完全民事行为能力人。[4] 基于此，本书把农村留守儿童界定为不满 18 周岁的未成年人。

第二，本书把"父母双方或一方外出务工，或非父母监护人的部分或全部外出务工"作为界定农村留守儿童的条件之一。首先，父母与非父母监护人长期外出务工都可作为认定农村留守儿童的条件。多数儿童的监护人是父母，但如果儿童的父母死亡或没有监护能力时，应依次由祖父母和外祖父母、兄姐、经未成年人住所地的居民委员会、村民委员会或者民政部门同意的其他愿

---

〔1〕《关于加强农村留守儿童关爱保护工作的意见》（国发〔2016〕13 号，2016 年 2 月 4 日发布）规定："留守儿童是指父母双方外出务工或一方外出务工另一方无监护能力、不满 16 周岁的未成年人"。

〔2〕全国妇联课题组：《我国农村留守儿童、城乡流动儿童状况研究报告》（2013 年 5 月 10 日）。

〔3〕《未成年人保护法》（主席令第 65 号，2012 年 10 月 26 日发布），第 2 条。

〔4〕《民法总则》（主席令第 66 号，2017 年 3 月 15 日发布），第 17～20 条。

意担任监护人的个人或者组织作为监护人。[1] 作为监护人的父母长期外出务工而把子女留在农村老家，会影响儿童的生活和成长；如果非父母监护人长期外出务工而把被监护儿童留在农村老家也会影响儿童的生活和成长。因此，应当把非父母监护人外出而被长期留于农村老家的儿童作为农村留守儿童进行研究。其次，监护人的全部或部分长期外出务工都应作为认定农村留守儿童的条件。国务院文件把父母双方皆外出务工或父母一方外出务工另一方无监护能力作为认定农村留守儿童的要件。[2] 但多数研究者都把父母双方或一方长期外出务工作为认定农村留守儿童的要件。[3] 一般而言，在家庭经济条件允许时，如果父母双方能长期与孩子生活在一起，是最有利于农村儿童的健康成长的。当全部监护人外出务工或部分监护人外出务工而留守监护人无监护能力时，被留于农村的儿童由于缺少良好的照顾、关爱、引导、教育而往往身心发展受到明显不利影响；如果部分监护人外出务工而留守监护人具有监护能力时，尽管对儿童成长产生的不利影响比较有限，但也不容忽视。不同的监护人，特别是父母双方，在孩子的成长过程中扮演着不同角色，全体监护人的配合协作才有助于儿童的全面发展和健康成长。所以，应当把部分监护人长期外出务工而被留于老家的农村儿童与全部监护人长期外出务工而被留于老家的农村儿童同样作为农村留守儿童予以关注和研究。

---

〔1〕《民法总则》（主席令第 66 号，2017 年 3 月 15 日发布），第 27 条。

〔2〕《关于加强农村留守儿童关爱保护工作的意见》（国发〔2016〕13 号，2016 年 2 月 4 日发布）。

〔3〕全国妇联课题组：《我国农村留守儿童、城乡流动儿童状况研究报告》（2013 年 5 月 10 日）；李亦菲主持：《中国留守儿童心灵状况白皮书（2015）》（2015 年 6 月 18 日发布）。

　　第三，监护人外出时间（即儿童留守时间）应当达到一定标准。严格地讲，监护人外出时间持续一天以上（即儿童留守一天以上）而被留在农村的农村户籍儿童都属于农村留守儿童。但当监护人外出时间比较短，留守农村的儿童所受影响比较小时，不宜把该情形下的儿童纳入农村留守儿童社会保障制度的覆盖范围。确定适用农村留守儿童社会保障法律制度的农村留守儿童的留守时间，应当根据监护人外出时间长短对农村留守儿童生活质量的影响程度来定；而监护人外出时间长短如何影响农村留守儿童的生活质量，则需依托严谨而科学的调查和研究来确定。有研究者把流动儿童界定为"随务工父母到户籍所在地之外生活学习半年以上的儿童"。[1] 国家统计局把纳入统计范围的务工农民界定为在外从业时间至少达到 6 个月的农民。[2] 上述观点对于界定适用农村留守儿童社会保障制度的农村留守儿童留守时间或监护人外出务工时间有重要参考价值。确定享受社会保障待遇的农村留守儿童时，应从多角度界定监护人外出时间，即既要考虑监护人单次外出务工的最低时间，也应考量一年之内监护人累计的多次外出务工时间之和。只有这样，才有助于把各种需要得到特别保障的农村留守儿童涵盖进去。

　　第四，监护人外出地点和工作类型具有广泛性。由于乡镇企业的发展，农民不仅可以到城镇务工，也可到其他农村务工；既可在所处县级以上行政区域之内务工，也可到所处县级以上行政区域之外务工；既可以到工商业企业务工，也可以到农业企业务

---

　　〔1〕　全国妇联课题组：《我国农村留守儿童、城乡流动儿童状况研究报告》（2013 年 5 月 10 日）。

　　〔2〕《中华人民共和国 2016 年国民经济和社会发展统计公报》（国家统计局 2017 年 2 月 28 日发布），注释 7。

工。国家统计局把纳入统计范围的务工农民的范围界定为在本乡镇以外从业或在本乡镇内从事非农产业的农民。[1] 但本书研究的农村留守儿童的范围不能与国家统计局界定的务工农民的范围完全对应起来。一方面，在本乡镇从业的务工农民并非都长期不与受其监护的儿童生活在一起，此种情形下的儿童不一定都可被界定为农村留守儿童；另一方面，有些在本乡镇从业的务工农民的确断断续续地与受其监护的儿童生活在一起，且一年内累计共同生活的时间并不长，此种情形下的儿童可以被界定为农村留守儿童，但监护人在本乡镇从事的可能是农业领域的工作。总之，只要父母双方或全部非父母监护人长期不能与儿童一起生活，就会对儿童的成长和发展产生不良影响。因此，无论监护人的外出地点在哪里，工作类型是什么，只要可能对儿童造成不良影响，就应当作为研究对象；相对应的农村留守儿童就应纳入农村留守儿童社会保障制度的覆盖范围。

二、主要的农村留守儿童问题

（一）中国农村留守儿童的人数多

关于全国农村留守儿童的数量，尚没有全面统计，研究者的估算数字相差比较大。公开发表的数据曾有 1000 万、2289 万、6755 万、7000 万、1.3 亿等。[2] 全国妇联曾组织过两次比较规范的农村留守儿童状况研究，并推算出了全国农村留守儿童的数据。2007 年全国妇联课题组根据 2005 年 1% 人口抽样调查数据推算，全国农村留守儿童的人数为 5800 万，占全部农村儿童总

---

〔1〕 国家统计局：《中华人民共和国 2016 年国民经济和社会发展统计公报》（2017 年 2 月 28 日），注释 7。

〔2〕 罗国芬："从 1000 万到 1.3 亿：农村留守儿童到底有多少"，载《青年探索》2005 年第 2 期。

数的 28.29%。[1] 2012 年全国妇联课题组根据《中国 2010 年第六次人口普查资料》样本数据推算，全国有农村留守儿童 6102.55 万，占农村儿童总数的 37.7%，占全国儿童总数的 21.88%；与 2005 年全国 1% 抽样调查估算数据相比，五年间全国农村留守儿童增加约 242 万；从农村儿童中留守儿童所占比例来看，重庆、四川、安徽、江苏、江西和湖南的比例已超过 50%，湖北、广西、广东、贵州的比例超过 40%。[2] 根据《国务院关于加强农村留守儿童关爱保护工作的意见》的农村留守儿童界定标准，即"父母双方外出务工或一方外出务工另一方无监护能力、不满 16 周岁的未成年人"，民政部、教育部和公安部 2016 年在全国共摸底排查出农村留守儿童 902 万人。[3] 依照 2012 年全国妇联课题组的数据，全国农村留守儿童的数量约占全国农村人口的 9%，[4] 与我国一个人口较多的省级行政区的人口数相当，[5] 与英国、法国、意大利等国的人口规模相近。[6] 依据 2016 年民政部、教育部和公安部全国共摸底排查数据，全国农村留守儿童约占全国

---

〔1〕　全国妇联课题组：《全国农村留守儿童状况研究报告》（2008 年 3 月 5 日）。

〔2〕　全国妇联课题组：《我国农村留守儿童、城乡流动儿童状况研究报告》（2013 年 5 月 10 日）。

〔3〕　高晓兵：《关于农村留守儿童摸底排查工作基本情况的通报和"合力监护、相伴成长"关爱保护专项行动的说明》（2016 年 11 月 9 日）。

〔4〕　根据 2010 年第六次全国人口普查结果，中国大陆乡村人口数为 6.741495 亿。参见国家统计局：《2010 年第六次全国人口普查主要数据公报（第 1 号）》（2011 年 4 月 28 日）。

〔5〕　2015 年末，湖南省、安徽省的总人口分别为 0.6783 亿、0.6144 亿。参见国家统计局网站的"统计数据"栏目下的"地区数据"栏目下的"分省年度数据"项，最后访问日期：2017 年 11 月 28 日。

〔6〕　2015 年，英国的人口数为 0.65128861 亿，法国的人口数为 0.66538391 亿，意大利的人口数为 0.60730582 亿。参见国家统计局网站的"统计数据"栏目下的"国际数据"栏目下的"主要国家（地区）年度数据"项，最后访问日期：2017 年 11 月 28 日。

农村常住人口的 1.53%，[1] 接近或多于我国一个人口较少的省级行政区的人口，[2] 与匈牙利、白俄罗斯等欧洲一些中等规模国家的人口相近。[3] 随着中国城市化、工业化和现代化进程的推进，农村外出务工青壮年人口的数量将会继续攀升，农村留守儿童的数量还会持续增长。如此规模人群的生存权保障问题不应为我们所忽视。

（二）中国农村留守儿童面临的生存权问题多

中国农村留守儿童面临的主要生存问题包括照管保障问题、教育保障问题、健康保障问题、安全保障问题、基本生活保障问题等。

照管保障问题是农村留守儿童面临的首要问题。2007 年全国妇联课题组的研究显示，双亲都外出的农村留守儿童的比例为52.86%；与祖父母一起居住的农村留守儿童的比例是 25.56%，与母亲、祖父母一起留守的比例为 10.73%，与父亲、祖父母一起留守的比例为 4.30%；和农村留守儿童一起生活的祖父的平均年龄为 61 岁，和农村留守儿童一起生活的祖母的平均年龄为59 岁；文化程度为小学或小学以下的照管农村留守儿童的祖父的比例为 74.96%，祖母的该比例为 84.02%。[4] 2012 年全国妇

---

[1] 2016 年中国大陆的乡村常住人口为 0.58973 亿。参见国家统计局：《中华人民共和国 2016 年国民经济和社会发展统计公报》（2017 年 2 月 28 日）。

[2] 2015 年，海南省的总人口为 911 万，宁夏回族自治区的总人口为 668 万，青海省的总人口为 588 万，西藏的总人口为 324 万。参见国家统计局网站的"统计数据"栏目下的"地区数据"栏目下的"分省年度数据"项，最后访问日期：2017 年11 月 28 日。

[3] 2015 年，匈牙利的人口数为 0.09843028 亿，白俄罗斯的人口数为0.09489616 亿。参见国家统计局网站的"统计数据"栏目下的"国际数据"栏目下的"主要国家（地区）年度数据"项，最后访问日期：2017 年 11 月 28 日。

[4] 全国妇联课题组：《全国农村留守儿童状况研究报告》（2008 年 3 月 5 日）。

联课题组的研究显示，46.74％的农村留守儿童的父母都外出，完全与祖父母一起居住的比例为 32.67％；祖父母的平均年龄为59.2 岁，绝大部分为小学文化程度；比较严峻的问题是，3.37％的留守儿童单独居住。[1] 根据摸底排查数据，安徽省农村留守儿童中由祖父母、外祖父母实际监护的占比为 95.2％，这些实际监护人普遍年龄偏大、学历较低；部分农村留守儿童实际监护状况较差，存在一方外出打工、另一方无监护能力的现象，极少数还处于无人监护状态。[2] 上述情况表明，父母都外出的农村留守儿童约占农村留守儿童总数的一半，祖父母单独或与父母一方共同照顾的农村留守儿童约占农村留守儿童总数的1/3 以上；照管农村留守儿童的祖父母的平均年龄接近 60 岁，且受教育程度不高。一般情况下，双亲照管优于单亲照管，单亲照管优于祖父母照管，祖父母照管优于其他人照管。而目前只有约 53％左右的农村留守儿童能够获得次优的单亲照管（包括与祖父母一起照管），约 32％的农村留守儿童仅能获得次次优的祖父母照管，14％左右的农村留守儿童只能获得较差的其他人照管或单独居住。[3] 这种状况必然对农村留守儿童的基本生活、教育和健康等造成不良影响。

　　农村留守儿童的教育保障问题比较突出。首先，不同的照管人对农村留守儿童的入学机会影响不同。2012 年全国妇联课题组的研究显示，母亲外出，单独与父亲一起居住的留守儿童未按

---

〔1〕　全国妇联课题组:《我国农村留守儿童城乡流动儿童状况研究报告》(2013年 5 月 10 日)。

〔2〕　安徽省民政厅等 6 厅委:《关于落实农村留守儿童家庭监护责任的意见》(皖民务字〔2017〕124 号)。

〔3〕　根据全国妇联课题组编纂的"我国农村留守儿童城乡流动儿童状况研究报告"(2013 年 5 月 10 日)推算。

规定接受义务教育的比例最高达 5.12%；父亲外出，单独与母亲或与母亲和祖父母一起居住的，未按规定接受义务教育的比例均较低，分别为 3.13% 和 3.11%。[1] 这表明，母亲留守比父亲留守更有利于农村留守儿童的教育保障。其次，农村留守儿童的学习和阅读时间整体上少于非留守农村儿童。根据调查，尽管父母都外出的农村留守儿童的作业和阅读时间并不少，但仅父亲外出或仅母亲外出的农村留守儿童的作业和阅读时间明显少于父母都没有外出的农村儿童；尽管每年见面次数多于 5~8 次和每月联系次数超过 1~2 次的农村留守儿童的作业和阅读时间相对较少，但每年没有见面和联系的农村留守儿童的作业和阅读时间最少。[2] 最后，农村留守儿童的不良学习习惯较多。有调查研究显示，没完成作业（49.4%）、上学迟到（39.6%）、逃学（5.5%）的比例分别比非留守儿童高 8.6、4 和 1.3 个百分点；不想学习（39.1%）和对学习不感兴趣（43.8%）的比例分别比非留守儿童高 5.6 和 3.2 个百分点。研究者认为，上述状况的原因之一在于，普通农村学校培养目标单一，而留守儿童教育需求多元，从而导致留守儿童学习兴趣降低；另一原因在于缺少有效监督和应有的学习辅导。[3] 简言之，父母引导缺乏是制约农村留守儿童学习的重要因素。

安全保障问题也是农村留守儿童面临的重要问题。见诸新闻的贵州省毕节市 2012 年与 2015 年的农村留守和流浪儿童非正常

---

[1] 全国妇联课题组：《我国农村留守儿童、城乡流动儿童状况研究报告》（2013 年 5 月 10 日）。

[2] 李亦菲主持：《中国留守儿童心灵状况白皮书（2016）》（2016 年 6 月 24 日）。

[3] 张旭东、孙宏艳、赵霞："为留守儿童守住一片天——关于农村留守儿童群体存在问题及对策的调研报告"，载《光明日报》2015 年 6 月 19 日，第 5 版。

死亡及 2014 年与 2015 年的性侵、猥亵农村留守儿童案件[1]并不是个案。有调查显示，49.2% 的留守儿童遭遇过意外伤害，比非留守儿童高 7.9 个百分点；遭遇割伤、烧伤烫伤、被猫狗抓伤咬伤、坠落摔伤和蛇虫咬伤、车祸、溺水、触电、中毒、火灾、自然灾害等各种意外伤害的留守儿童比例都高于非留守儿童。[2]根据有关研究，母亲不在身边的留守儿童遭受欺负的比例高达58%。[3]有研究表明，农村留守儿童的不安全感高于非留守农村儿童。30.5% 的留守儿童认为校园里或周边有不良帮派团伙，25.7% 认为有同学加入不良帮派团伙，分别比非留守儿童高 4.3和 1.4 个百分点。[4]安全问题已成为农村留守儿童面临的突出生存保障问题。

健康保障问题也是农村留守儿童面临的较为突出的问题。首先是农村留守儿童的心理健康问题。研究者认为，父母的长期外出导致农村留守儿童的社会支持弱化，而这又使得留守儿童消极情绪更多，以至于经常感到烦躁（46.0%）、孤独（39.8%）、闷闷不乐（37.7%）及无缘无故发脾气（19.7%）的比例都多

---

　　〔1〕　此处提到的事件分别是：2012 年 11 月 16 日，五名留守和流浪儿童被发现因一氧化碳中毒死于毕节市七星关区一垃圾箱内；2015 年 6 月 9 日，毕节七星关区一个家庭的四名留守儿童被发现因食物中毒死于家中；2014 年 4 月 27 日，警方通报毕节市七星关区小吉场镇发生多名儿童（多名为留守儿童）遭性侵案件；2015 年 5 月11 日，毕节市大方县某学校教职工因猥亵多名学生（多名为留守儿童）而被刑拘。
　　〔2〕　张旭东、孙宏艳、赵霞："为留守儿童守住一片天——关于农村留守儿童群体存在问题及对策的调研报告"，载《光明日报》2015 年 6 月 19 日，第 5 版。
　　〔3〕　李亦菲主持：《中国留守儿童心灵状况白皮书（2017）》（2017 年 7 月 21日）。
　　〔4〕　张旭东、孙宏艳、赵霞："为留守儿童守住一片天——关于农村留守儿童群体存在问题及对策的调研报告"，载《光明日报》2015 年 6 月 19 日，第 5 版。

于非留守儿童；[1]与非留守儿童相比，同辈或无看护状态下的农村留守儿童的心理健康状况最差；[2]留守时间越长，农村留守儿童的心理失衡问题越突出。[3]研究者还显示，留守女童比留守男童负面情绪多，其孤独感也更强。有约 42.7% 的留守女童经常觉得孤独，不仅高于留守男童约 6.2 个百分点，也高于非留守女童约 6.7 个百分点。[4]其次是农村留守儿童的非心理健康问题。有研究结论认为，不同类型留守儿童的健康状况不同，而母亲外出的农村留守儿童的非心理健康问题整体最严重。[5]这与母亲照管儿童的优势密不可分。

农村留守儿童的基本生活也不可忽视。照管者的有限照管能力影响农村留守儿童的基本生活。父母或非父母监护人外出务工即使可为留守子女的生活提供更多的物质支持，但照管者，特别是隔代照管者，往往由于年龄大、精力有限而无法经常地为留守儿童提供营养搭配合理的饮食、适当的衣着，无法合理地照顾留守儿童的起居，从而影响农村留守儿童的基本生活。学龄前儿童及年龄较小的学龄儿童对父母等适宜监护人的依赖性更强。2008年和 2013 年全国妇联课题组研究显示，农村留守儿童中学龄前儿童（0～5 周岁）的比例分别为 27.05% 和 38.37%，学龄前儿

---

〔1〕 张旭东、孙宏艳、赵霞："为留守儿童守住一片天——关于农村留守儿童群体存在问题及对策的调研报告"，载《光明日报》2015 年 6 月 19 日，第 5 版。

〔2〕 高慧斌："留守儿童心理发展研究略论"，载《河北师范大学学报（教育科学版）》2010 年第 4 期。

〔3〕 胡心怡等："生活压力事件、应对方式对留守儿童心理健康的影响"，载《中国临床心理学杂志》2007 年第 5 期。

〔4〕 张旭东、孙宏艳、赵霞："为留守儿童守住一片天——关于农村留守儿童群体存在问题及对策的调研报告"，载《光明日报》2015 年 6 月 19 日，第 5 版。

〔5〕 宋月萍、张耀光："农村留守儿童的健康以及卫生服务利用状况的影响因素分析"，载《人口研究》2009 年第 6 期。

童中父母都外出的比例分别为 56% 和 47%。学龄前儿童对喂养和心理沟通都有比较高的要求，父母长期外出产生的科学喂养缺乏会影响身体发育，父母亲情呵护与亲子交流的缺乏也不利于幼儿认知、情感、社会性的发展。[1] 综上，父母外出务工，特别是母亲外出务工，对留守儿童基本生活的不利影响比较大，只是因为年龄等因素而轻重不同。

（三）缺乏有效解决农村留守儿童生存权问题的法律制度

尽管早已引起全国上下关注，各级政府也制定了大量政策，社会各界也积极参与，但农村留守儿童生存权保障问题仍然比较突出。特别是，对于解决农村留守儿童生存权问题有重要作用的农村留守儿童社会保障制度仍未建立起来。虽然全国人大常委会制定的《未成年人保护法》[2] 的内容十分广泛，但基本都是宣示性条款，缺乏可操作性。《教育法》、《义务教育法》、《母婴保健法》、《社会保险法》虽然有助于保障农村留守儿童的受教育权、健康权、基本生活权，但这些法律没有考虑农村留守儿童的特殊性，缺乏针对性的制度安排。不少地方通过各种政策积极维护农村留守儿童的权益，并借助"代理家长"、"爱心书屋"、"亲情电话"、"留守儿童德育教育基地"等措施改善农村留守儿童的生活和教育环境，但整体上看，这些措施零散而不系统、即时而不稳定，无法可持续地改善农村留守儿童的照管问题、教育问题、安全问题、健康问题、基本生活问题。一个重要的原因在

---

〔1〕　全国妇联课题组：《全国农村留守儿童状况研究报告》（2008 年 3 月 5 日）；全国妇联课题组：《我国农村留守儿童、城乡流动儿童状况研究报告》（2013 年 5 月 10 日）。

〔2〕　全国人大常委会：《未成年人保护法》（主席令第 65 号，2012 年 10 月 26 日发布）。

于，国家和地方没有把改善农村留守儿童生存权的措施转换成稳定、系统、规范的法律制度

三、有关农村留守儿童问题的研究状况

（一）总体情况

尽管中国农村留守儿童在改革开放初期就已出现，但有关农村留守儿童问题的全面研究却始于 21 世纪初。以"农村留守儿童"为篇名，在中国期刊全文库（CNKI）进行文献检索后发现，2005 年之前只有 2 篇期刊和会议论文，而 2005 年一年就有 39 篇同类论文，此后每年研究论文的数量则快速增长。2006 年一年，同样搜索获得的期刊和会议论文达 79 篇，并有博士学位论文 1 篇，硕士学位论文 9 篇；2016 年一年，期刊和会议论文达 329 篇，硕士学位论文 83 篇。这表明，国内大规模的农村留守儿童问题的研究开始于 2005 年前后。学者谭深把国内的农村留守儿童研究分为两个阶段，即 2000~2006 年的"留守儿童的全景描述"阶段和 2007 年以后的"研究的细化"阶段。[1] 周福林等的留守儿童研究综述也在一定程度上支持这种划分。2006 年之前的研究主要集中于留守儿童的概念、规模、分布、家庭结构、留守儿童出现的原因及影响；研究中的不足则包括留守儿童概念界定不明确、研究缺乏统一规范、研究结论尚未形成"规律性"认识。谭深指出，前期研究夸大了农村留守儿童存在的问题，把农村留守儿童反映出的所有不足都简单地归咎于父母外出和父母责任，并对农村留守儿童有"污名化"倾向，而"根据已有的调查，农村留守儿童大多数是正常的，与父母没有外出的儿童没

---

〔1〕谭深："中国农村留守儿童研究述评"，载《中国社会科学》2011 年第 1 期。

有显著的区别，他们不是'问题儿童'"。[1]

（二）具体问题的研究

根据现有文献，下面从照管、教育、健康、安全、基本生活及其成因六个角度梳理中国农村留守儿童问题的研究状况。

1. 照管问题

由于农村留守儿童的诸多问题直接与作为监护人的父母的外出有关，所以照管问题是农村留守儿童研究首先涉及的问题。叶敬忠等通过对 4 个省区市的 10 个村庄的研究，把对农村留守儿童的监护分为四种类型，即单亲监护、隔代监护、上代监护和同辈监护，并认为隔代监护最为主要，而隔代监护下的农村留守儿童的问题最多。他们主张，为改善农村留守儿童的监护状况，应强化家长和社区的责任。其中，应增加社区家长学校中农村留守儿童家长的项目，改变外出家长和监护人的理念和方式，提高家长对农村留守儿童教育问题的重视；农村应建立生产与生活互助小组，以减轻监护人压力。[2] 段成荣课题组和 2012 年全国妇联课题组基于对 2010 年第六次全国人口普查数据的梳理，归纳出了农村留守儿童的照管情况。调查显示，53.26% 的农村留守儿童由父母中的一方照管。父母都外出的 46.74% 的农村留守儿童中，与祖父母一起居住的比例占 32.67%，有 10.7% 的留守儿童与其他人一起居住，3.37% 的留守儿童单独居住。由于农村留守儿童基数大，由此对应的单独居住的农村留守儿童高达 205.7

---

〔1〕 谭深："中国农村留守儿童研究述评"，载《中国社会科学》2011 年第 1 期。

〔2〕 叶敬忠、王伊欢："留守儿童的监护现状与特点"，载《人口学刊》2006 年第 3 期。

万，这是要特别给予关照的留守儿童。[1] 总之，关于农村留守儿童照管的研究，主要围绕照管类型及不同类型照管对农村留守儿童的生活质量、教育、健康、安全等的影响。

2. 教育问题

教育在农村留守儿童问题中最受关注。现有文献广泛地探讨了父母外出对农村留守儿童教育的影响。

（1）研究发现农村留守儿童接受教育的机会整体上低于农村非留守儿童。段成荣课题组和 2012 年全国妇联课题组基于对 2010 年第六次全国人口普查数据所做的研究显示，虽然绝大部分农村留守儿童都有机会接受教育，但 6～17 岁的农村留守儿童中仍有 3.38% 未按规定接受义务教育；大龄留守儿童的情况最差，未按规定接受义务教育的比例高达 4.83%；单独与父亲居住的农村留守儿童接受教育的机会堪忧，未按规定接受义务教育的比例高达 5.12%，高于单独与母亲居住的农村留守儿童；中西部地区农村留守儿童接受教育的状况较差。[2]

（2）有学者比较了母亲留守与父亲留守对儿童学习情况的影响。段成荣等研究后发现，与母亲留守的儿童的学习情况优于与父亲留守的儿童。男性外出能比女性外出获得更好的工作机会，获得更高的收入，因此，大部分留守家庭都是男性外出。如果一个家庭母亲外出工作，父亲留守，对留守儿童的学习不利。一方面，传统家庭分工是"男主外、女主内"，父亲留守一般不

---

〔1〕 段成荣等："我国农村留守儿童生存和发展基本状况——基于第六次人口普查数据的分析"，载《人口学刊》2013 年第 3 期；全国妇联课题组：《我国农村留守儿童、城乡流动儿童状况研究报告》(2013 年 5 月 10 日)。

〔2〕 段成荣等："我国农村留守儿童生存和发展基本状况——基于第六次人口普查数据的分析"，载《人口学刊》2013 年第 3 期；全国妇联课题组：《我国农村留守儿童、城乡流动儿童状况研究报告》(2013 年 5 月 10 日)。

胜任传统应由母亲承担的角色，无法很好地照顾孩子，督促孩子学习；另一方面，母亲外出，可能是因为父亲健康或能力较差，而这样的家庭往往经济状况不好，也不利于孩子接受教育。[1]

（3）学者们研究了与农村留守儿童密切相关的寄宿制学校问题。对于为提高办学水平和改善办学条件而在全国推行的寄宿制学校，一度被人们寄予厚望，因为它有利于解决农村留守儿童的教育问题。王景等研究认为，推行寄宿制学校对于优化教育资源、保障教育公平、提高办学效益起到了较大作用，但同时中西部和经济落后地区的寄宿制学校出现了诸多问题，主要有学校运行成本增加、学校运行资金紧张、教师工作强度增加、学生交通安全风险增加、学生因负担较高生活费用而加重了家庭负担、学生环境适应不良、辍学人数增加等。[2]这显然不利于农村留守儿童受教育权的实现。谭深认为，问题的关键在于教育体制改革能不能把"以人为本"、"儿童权利"作为出发点；实践表明，很多部门常常为了方便管理，而较少考虑农村家庭的承受能力，更少尊重儿童的感受。[3]

（4）关于农村留守儿童与农村非留守儿童的整体学习差别，有不同的看法。如前所述，有研究者认为，在没完成作业、上学迟到、逃学、不想学习、对学习不感兴趣等方面，农村留守儿童的占比高于农村非留守儿童；尽管这与普通农村学校培养目标单一因素有关，但也与缺少父母等监护人的有效监督和学习辅导有

〔1〕 段成荣、吴丽丽："我国农村留守儿童最新状况与分析"，载《重庆工商大学学报（社会科学版）》2009年第1期。
〔2〕 王景、张学强："当前我国农村义务教育阶段寄宿制学校发展的问题研究"，载《教育科学》2010年第3期。
〔3〕 谭深："中国农村留守儿童研究述评"，载《中国社会科学》2011年第1期。

关。[1]不少研究结论也表明,农村留守儿童与农村非留守儿童的整体学习差别很小,甚至前者优于后者。朱科蓉等人研究后认为,父母外出与否与儿童学习成绩不存在太大相关性,因为多数农村父母无力辅导孩子的学习,且不重视孩子的教育。[2]吴霓课题组调研后发现,农村留守儿童与农村非留守儿童的学习兴趣及对自身学习成绩的认识没有显著差异。[3]谭深强调,农村留守儿童总体的在校情况好于农村非留守儿童,主要因为父母外出打工的家庭经济状况一般好于单纯务农的家庭。[4]也有研究结论认为,农村留守儿童与农村非留守儿童的整体学习差别是相对的。李亦菲等人认为,父亲单独外出及母亲单独外出的农村留守儿童每天的做作业时间、阅读时间少于农村非留守儿童,但父母都外出的留守儿童的上述两项指标则与农村非留守儿童无明显差别。[5]

当然,学者们还从其他角度研究了农村留守儿童的教育问题。如有学者指出,社会阶层固化和断裂导致通过自身努力向上流动的成本越来越高,弱化了父母投资教育获得回报的预期,导致提高子女受教育水平的热情降低;对于农村留守儿童的教育问题,不能仅仅强调家庭功能恢复、学校功能强化、宏观政策立法和制度改革,也应重视社区、舆论、文化传媒及学生的主动性和

〔1〕 张旭东、孙宏艳、赵霞:"为留守儿童守住一片天——关于农村留守儿童群体存在问题及对策的调研报告",载《光明日报》2015年6月19日,第5版。
〔2〕 朱科蓉、李春景、周淑琴:"农村'留守子女'学习状况分析与建议",载《教育科学》2002年第4期。
〔3〕 吴霓等:"农村留守儿童问题调研报告",载《教育研究》2004年第10期。
〔4〕 谭深:"中国农村留守儿童研究述评",载《中国社会科学》2011年第1期。
〔5〕 李亦菲主持:《中国留守儿童心灵状况白皮书(2016)》(2016年6月24日)。

能动性。[1]

3. 健康问题

农村留守儿童的健康问题也很受关注。首先，农村留守儿童心理健康问题是研究热点。研究发现，农村留守儿童的心理健康状况与照管类型有关。与非留守儿童相比，同辈或无看护状态下的农村留守儿童的心理健康状况最差，单亲看护下的农村留守儿童的心理健康状况相对较好；但是在学习焦虑倾向、对人焦虑倾向、国民倾向、恐怖倾向、冲动倾向、过敏倾向等方面，单亲看护的农村留守儿童与非留守儿童无差距。研究也发现，父母外出时间的长短与农村留守儿童的心理弹性呈负相关。父母外出时间越长，农村留守儿童的心理弹性越低，社会适应能力越差。反之，心理弹性越高，社会适应能力越强。[2]有研究认为5年是一个重要拐点，留守时间5年以上的农村留守儿童的心理失衡状况显著高于留守时间1~2年、3~4年的农村留守儿童，后两者的心理状况无显著差异。[3]

其次，有人研究了不同类型农村留守儿童的非心理健康差别问题。调查数据显示，父母均外出的农村留守儿童的健康状况最佳；与母亲一起留守的儿童的健康状况次之；最差的是仅母亲外出的留守儿童，其患病风险最高、就诊率最低，处于最为不利的境地。研究者分析认为，这反映了留守儿童在卫生服务利用方面的困境，即只能依靠经济支持来弥补在健康人力支持方面的不

〔1〕　胡善平、潘春宇："安徽农村留守儿童教育问题研究——从社会工作的视角出发"，载《基础教育研究》2012年第18期。

〔2〕　高慧斌："留守儿童心理发展研究略论"，载《河北师范大学学报（教育科学版）》2010年第4期。

〔3〕　胡心怡等："生活压力事件、应对方式对留守儿童心理健康的影响"，载《中国临床心理学杂志》2007年第5期。

足；而劳动力市场和家庭内部传统的性别角色定位决定了母亲的角色是提供照料服务，在劳动力市场上则没有优势。双亲外出打工的家庭，经济条件相对较好，故而在儿童健康方面可能有更多投入；母亲留守，儿童可能得到更多的健康照料；但是女性外出务工，其经济状况低于夫妇双方外出打工或男性外出打工的家庭，同时也显著降低了儿童日常照料的可得性。因此，与男性相比，女性外出会给留守儿童的健康以及卫生服务利用带来更少的积极效应，负面作用更明显。[1]

4. 安全问题

农村留守儿童安全问题因社会的高度关注而一直是研究热点。各类研究主要围绕农村留守儿童安全的内容、影响农村留守儿童安全的原因、农村留守儿童安全的防范措施及性安全等角度展开。首先，不同研究者对农村留守儿童安全的内容的界定不同。有研究者强调，留守儿童容易产生人身安全受到侵害的问题，包括受到他人的非法侵害或人身伤害和自己行为失控对自己造成的伤害；[2] 有研究者把农村留守儿童安全分为饮食安全、交往安全、交通安全、游玩安全四类。[3] 其次，研究者对影响农村留守儿童安全的原因进行了深入探讨。有学者基于安全责任主体的视角把农村留守儿童安全问题的成因分为家庭监护的缺位、学校教育的缺少、社会保障制度的缺乏三个方面；[4] 有研

---

〔1〕 宋月萍、张耀光："农村留守儿童的健康以及卫生服务利用状况的影响因素分析"，载《人口研究》2009 年第 6 期。

〔2〕 周福林、段成荣："留守儿童研究综述"，载《人口学刊》2006 年第 3 期。

〔3〕 张荻金：《农村留守儿童安全问题研究》，湖南师范大学 2014 年硕士学位论文。

〔4〕 杜鹃："政府在完善留守儿童人身安全保护制度中的对策"，载《中北大学学报（社会科学版）》2015 年第 5 期。

究者把接触危险概率大、自我保护意识欠缺、应急自救能力缺乏等自身因素作为农村留守儿童安全问题的重要成因。[1] 当然，监护人缺位，特别是父母外出，被普遍认为是农村留守儿童安全问题产生的根本原因。[2] 换言之，留守降低了孩子在人群中的地位，使其更容易成为被欺负的对象。[3] 再次，如何消除农村留守儿童安全风险几乎是各类研究者关注的重点。有学者认为，强化政府的户籍制度改革、公共设施和资金投入及立法责任，发挥家庭和学校的教育疏导功能，推进公共组织、民间机构及各界人士的参与是化解农村留守儿童安全风险的重要途径。[4] 有研究者特别指出，留守儿童悲剧的频频发生证明越过家庭、直接面向留守儿童的"个体观"关爱服务路径并没有收到预期的实践成效；主张以"家庭生态系统观"为指导，完善家庭生态系统内部的抚育决策机制，改进家庭生态系统外部的联动机制，强化和支持家庭的基础性角色。[5] 最后，一些学者对农村留守儿童的性安全问题进行了探讨。王进鑫研究后发现，留守儿童的"看黄"行为、边缘性行为明显多于非留守儿童，而获得抚养人给予的性安全教育及自我性保护指导则明显低于后者；尽管在发生实质性

---

〔1〕　李蔚波：《农村留守儿童安全问题研究》，中央民族大学 2013 年硕士学位论文。

〔2〕　周福林、段成荣："留守儿童研究综述"，载《人口学刊》2006 年第 3 期；张旭东、孙宏艳、赵霞："为留守儿童守住一片天——关于农村留守儿童群体存在问题及对策的调研报告"，载《光明日报》2015 年 6 月 19 日，第 5 版；李亦菲主持：《中国留守儿童心灵状况白皮书（2017）》（2017 年 7 月 21 日）。

〔3〕　李亦菲主持：《中国留守儿童心灵状况白皮书（2017）》（2017 年 7 月 21 日）。

〔4〕　杜鹏："农村留守儿童的安全现状及其解决路径初探"，载《山西农业大学学报（社会科学版）》2014 年第 3 期。

〔5〕　杨汇泉："农村留守儿童关爱服务路径的社会学考察"，载《华南农业大学学报（社会科学版）》2016 年第 1 期。

交行为、遭受性侵害情况方面，留守儿童与非留守儿童没有显著差异，但留守儿童遭受这类伤害后从家庭、父母获得的情感支持远远低于非留守儿童。[1] 曹红梅对性安全教育方式进行了比较研究后认为，同伴教育方式在增加留守儿童的性安全保护知识和增强性安全保护意识方面优于传统教育，对于更为敏感问题的知识接受和态度改变，传统教育方式优于同伴教育。[2]

5. 基本生活问题

许多农村留守儿童的基本生活因父母外出务工而受到影响。全面研究农村留守儿童基本生活的文献不多，但不少文献间接提及父母外出务工对农村留守儿童基本生活产生的不利影响。一些直接研究父母外出对农村留守儿童健康影响的文献也反映出监护人缺位对农村留守儿童基本生活的影响。有研究认为，在控制其他因素的情况下，母亲额外单位的劳动时间的增加对孩子的健康状况具有显著的负向影响，且同样的母亲非农劳动时间的增加对于孩童健康的负面影响大于农业劳动时间增加的影响程度，而母亲收入增加对孩子健康状况具有显著的正向影响；边际效果分析表明母亲收入增加对孩子健康的正向影响难以抵销劳动时间增加所带来的负面效果；孩子性别不同所受到的影响亦不同，女童相对而言处于健康的劣势地位；虽然母亲的劳动供给有助于缩小孩子营养状况的性别差距，但却是以所有儿童的健康状况下降为代价的。[3] 也有研究者发现，父母外出对 0～5 岁学龄前留守儿童

---

〔1〕 王进鑫：“青春期留守儿童性安全问题调查研究”，载《青年研究》2008年第9期。

〔2〕 曹红梅：“农村留守儿童性安全同伴教育效果分析——四川省达州市三所农村中学调查研究”，载《现代教育科学》2013年第10期。

〔3〕 刘靖：“非农就业、母亲照料与儿童健康——来自中国乡村的证据”，载《经济研究》2008年第9期。

的健康并无显著性影响，学龄前儿童健康主要取决于家庭收入及医疗资源的可及性；父母外出对 6~18 岁学龄儿童健康有显著的负面影响，特别是母亲不在家对留守儿童健康的负面影响较为显著，而且这一影响在不同收入水平家庭之间无显著差异。[1] 有研究强调，无论是儿童生长迟缓发生率、消瘦率，还是患病率和腹泻率方面，留守儿童都高于非留守儿童。[2] 尽管农村留守儿童的健康状况与饮食、心理、生活规律性等诸多因素有关，但这些因素大多是基本生活的组成部分。因此，农村留守儿童健康水平的高低能够大抵反映出其基本生活的好坏。尽管父母外出未必对每一位留守儿童的健康构成显著损害，但能明显影响相当一部分留守儿童的健康，而这种对健康的影响则往往与基本生活受到损害有关。

6. 农村留守儿童问题的成因及对策

农村留守儿童问题出现的原因也是研究的核心问题之一。社会学学者李强把农民、市民和农民工组成的社会称为"三元社会结构"，[3] 金一虹把农民工家庭称作"离散家庭"。[4] 谭深则把农民工的家庭称为"拆分型家庭"。[5] 其实，农村留守儿童问题就是上述三元社会结构或特殊家庭的产物。王春光认为，农民工

---

〔1〕 陈在余："中国农村留守儿童营养与健康状况分析"，载《中国人口科学》2009 年第 5 期。

〔2〕 崔嵩、周振、孔祥智："父母外出对留守儿童营养健康的影响研究——基于 PSM 的分析"，载《农村经济》2015 年第 2 期。

〔3〕 李强："三元社会结构与城市农民工"，载李强：《农民工与中国社会分层》，社会科学文献出版社 2004 年版。

〔4〕 金一虹："离散中的弥合——农村流动家庭研究"，载《江苏社会科学》2009 年第 2 期。

〔5〕 谭深："中国农村留守儿童研究述评"，载《中国社会科学》2011 年第 1 期。

问题根源于中国尚未完成社会转型，要根除农民工问题，必须推动制度层面的改革。首先，国家应在宪法和法律中确立国民待遇制度。该制度依托于三个原则，即无区别对等原则、同工同酬原则、中央政府承担责任原则。其次，国家应将"城市化"而非"城镇化"确立为最基本的发展战略。再次，取消农民工进城的壁垒和制度限制，构建公平竞争的市场体系。最后，国家要建立面向所有人的社会安全和保障体系。[1] 只有解决务工农民问题，才能从根本上解决农村留守儿童问题。

所有这些研究不仅有助于提升人们对农村留守儿童问题的认识，也为解决问题提供了理论依据。

（三）研究中的不足

现有中国农村留守儿童问题研究仍存在一些局限：其一，现有研究侧重于分析问题，解决问题的对策则比较宏观。现有研究对农村留守儿童面临的生存问题分析比较多，剖析也比较透彻和具体，但对于如何解决问题则不够具体。尤其是在农村留守儿童现象长期存在的背景下，如何保障农村留守儿童的受教育权、健康权、受照管权和基本生活权，可操作性的方案比较少。其二，从法学角度对农村留守儿童生存权问题进行研究的文献比较少。现有研究主要从社会学、教育学、心理学、管理学等角度探讨农村留守儿童问题，法学研究的文献不多，高质量研究成果少。法治社会最可靠的农村留守儿童生存权解决途径必须依托于稳定、系统、规范的法律制度。法学研究的匮乏降低了研究成果的应用性。其三，研究的针对性不强。不少研究并没有建立于农村留守

---

〔1〕 王春光："农民工在流动中面临的社会体制问题"，载《中国党政干部论坛》2004 年第 4 期。

儿童与农村非留守儿童的身份区别之上，而是把其他儿童与农村留守儿童共同面临的问题作为分析和探讨的对象，这不利于农村留守儿童生存权问题的有效解决。

第二节　中国农村留守儿童问题的成因

　　农村留守儿童问题是三个因素共同作用的结果，即大量农业人口向城镇非农产业转移、城乡"二元"人口管理与服务制度、残缺的农村儿童社会保障制度。其中，前两个因素决定了大量农村留守儿童及其问题的产生，而第三个因素则加剧了农村留守儿童问题的严重性。如果没有城乡"二元"人口管理与服务制度，大量农业人口向城镇非农产业转移一般只能产生少量农村留守儿童及不太严重的农村留守儿童问题；而城乡"二元"人口管理与服务制度的存在却可导致大量农村留守儿童的出现，并使严重的农村留守儿童问题成为可能。如果农村儿童社会保障制度比较健全，虽然不可能消除农村留守儿童问题，却可有效抑制严重的农村留守儿童问题的产生。

一、大量农业人口向城镇非农产业转移

（一）大量农业人口向城镇非农产业转移的原因

　　经济改革和劳动力流动限制的放松使农业人口向城镇非农产业转移成为可能。改革开放前，中国实行严格的计划经济，城镇第二和第三产业依照计划配置劳动力，且优先从城市待业人口、计划中的农转非人口、军队转业人员新招或从其他企业调配。其中，从农村进入城镇就业者大都同时获得城镇户籍。农村联产承包责任制的推行使得农业生产率逐渐提高，这与土地资源的有限性一起导致了日益增多的农业劳动力剩余。尽管部分地区乡镇企

业的发展为农村剩余劳动力转移提供了场所，但城镇企业总量有限，且分布不平衡，因而只能吸纳部分农村剩余劳动力。始于1984 年的城市经济体制改革、1992 年的邓小平南方谈话、2001年的中国入世大大促进了城市商品经济的发展，第二产业和第三产业快速增长，产生了城镇户籍人口无法满足就业需求的问题。同时，国家对农村劳动力流动的限制也逐渐放开，由被动应对变为有序引导、积极鼓励，从而为农业人口向城镇非农产业转移提供了政策条件。特别是，大量到城镇就业的农业人口并不需要获得城镇户籍，即只要能够找到相应工作岗位，就可到城镇长期居住生活。总之，改革开放打破了依照计划配置城乡劳动力和严格限制农业人口向城镇非农产业转移的传统政策。可以说，从计划经济、有计划的商品经济到市场经济的变迁历史，是中国经济由政府高度管制到市场调节与政府调控相结合的演进过程，更是中国农业人口向城镇非农产业转移政策由严格走向宽松、人口转移数量由少到多的过程。

部门生产率差异是农业人口流向城镇非农产业的内在动因。改革开放后，尽管技术进步使得农业和非农产业领域的生产率皆获得了提高，但研究表明，农业部门的劳动生产率和全要素生产率都低于非农部门（工业和第三产业）。[1] 农业和非农部门的生产率差异可产生三方面的影响：其一，同样的劳动投入，非农部门会比农业部门获得更多的产出，进而，非农部门的收入或工资水平也通常高于农业部门。其二，非农部门的较高生产率导致该部门产品的价格相对于农业部门产品的价格下降更快，导致部分

---

[1] 雷超超：《中国农业劳动力转移的动因及机理研究（1978～2011）》，华南理工大学 2013 年博士学位论文。

农产品被非农产品替代，非农产品需求增加，农产品需求相对下降；非农产品需求的上升导致劳动力需求的增加，而农产品需求的相对下降则导致劳动力需求的减少。其三，当土地总量不能增加时，基于技术进步的生产率提高也会导致农业劳动力需求的下降，出现农业劳动力剩余。劳动生产率差异体现的是农业部门和非农部门表面上的投入与产出之比的不同，全要素生产率则反映了两大领域投入与产出之比不同的技术原因。综上，由于农业劳动力有剩余，非农部门对劳动力有新需求，且非农部门的工资水平高于农业部门，所以，农村劳动力向城市非农部门流动的趋势就会出现。只要不存在制度等障碍，生产率差异达到一定程度，劳动力就会从生产率较低部门流向生产率较高部门。改革开放后，中国的户籍政策等城乡二元分置的制度逐渐松动，使得劳动力由生产率较低的农业部门流向生产率较高的城镇非农部门成为可能。

居民消费非位似性偏好。居民消费具有非位似性偏好意味着收入增加时消费者最优的产品消费结构会发生变化，[1] 即，收入增加时消费者最优的产品消费结构中的不同产品的消费偏好并非同方向、同比例地变化，而是出现不同方向、不同比例的变化。研究表明，农产品的需求收入弹性弱于非农产品。[2] 或者说，收入增加时，人们对农产品的消费偏好往往弱于对非农产品的消费偏好。这种差异产生的结果是收入增加时，人们增加的农产品消费比例小于人们增加的非农产品消费比例。而这种变化导

---

〔1〕 雷超超：《中国农业劳动力转移的动因及机理研究（1978～2011）》，华南理工大学 2013 年博士学位论文。

〔2〕 雷超超：《中国农业劳动力转移的动因及机理研究（1978～2011）》，华南理工大学 2013 年博士学位论文。

致的结果是农产品的需求和生产规模相对下降，而非农产品的需求和生产规模相对上升。因此，居民消费非位似性偏好会驱动农业劳动力流向非农产业。

综上，部门生产力差异和居民消费非位似性偏好是农业劳动力向城镇转移的经济动因，而经济改革和劳动力流动限制的放松则为农业劳动力向城市转移提供了制度保障。

(二) 农业人口向城镇非农产业转移的基本情况

部门生产力差异和居民消费非位似性偏好是农业劳动力向城镇转移的经济动因，而经济改革和劳动力流动限制的放松则是农业劳动力向城市转移的制度保障。不过，经济动因与制度保障的结合过程却呈现出阶段性特征。[1]

第一是不稳定转移阶段 (1978~1991 年)。该阶段的农业就业人口绝对数逐年上升，从 1978 年的 28 318 万上升到 1991 年的 39 098 万。其间，尽管限制农业人口向城市转移的政策有所放松，但流向城市的农业人口比较少。1984 年之前，国有企业以"合同工"、"临时工"等形式招募保留农村户籍的农业劳动力，但数量有限。原因主要在于农村联产承包责任制初期的农业机械化程度仍比较低，解放出的劳动力有限；城市经济体制改革尚未全面启动，能吸纳的农村劳动力有限。该时期到乡镇企业务工的农民数量大于到城市务工的人口。1984~1989 年，不仅农业劳动力转向城市的客观需求扩大，而且政府也出台了鼓励性政策和法律。一方面，始于 1984 年的城市经济体制改革使得国有企业

---

[1] 除非特别说明，本部分三个阶段的所有数据和资料均参见张晓强：《"刘易斯转折点"与我国农业劳动力转移研究》，云南财经大学 2012 年硕士学位论文；雷超超：《中国农业劳动力转移的动因及机理研究 (1978~2011)》，华南理工大学 2013 年博士学位论文。

的经营机制更加灵活，城市商品经济也获得了快速发展，可容纳的就业人口增加。另一方面，国务院不仅颁布了《关于农民进入集镇落户问题的通知》，还制定了《国营企业实行劳动合同制暂行规定》及《国营企业招用工人暂行规定》两个行政法规。前者放宽了农民落户于镇的条件，后者允许国有企业招收保留农村户籍的农业剩余劳动力，推动了农业人口向城市的转移。1989～1991年，农业人口向城镇转移的速度放缓。前一阶段农业人口大量流向城市产生了交通、治安、劳动力市场管理等方面的一些问题，迫使政府开始限制农村劳动力的盲目流动，并制定了《国务院关于做好劳动就业工作的通知》等政策。同时，为遏制经济过热，始于1989年的持续三年的治理经济环境、整顿经济秩序的政策也缩小了城市的就业空间。上述两方面的因素导致农村剩余劳动力向城市转移数量的减少。

第二是大规模转移阶段（1992～2003年）。该阶段的农业就业人口绝对数逐年下降，从1992年的38 699万下降到2003年的36 204万。在中国总人口每年都增长的情况下，农业就业人口的绝对数却在减少，这表明有大量农村劳动力流向城市。这种变化主要缘于邓小平南方谈话及中国决定建立社会主义市场经济。1993年中共中央通过《关于建立社会主义市场经济体制若干问题的决定》，并首次提出有步骤地引导农业劳动力向非农业转移。为落实中共中央政策，国务院及各部门还颁布了许多行政法规、部门规章及政策，鼓励、规范农村剩余劳动力向城镇转移。劳动部1994年颁发《农村劳动力跨省流动就业管理暂行规定》，国务院办公厅、中共中央办公厅1995年联合发布《关于加强流动人口管理工作的意见》等，以强化对农村劳动力流动的引导。在国家政策的推动下，江苏、广东、浙江、福建等东南沿海地区城镇的劳动密集型产业快速发展，不仅接纳了不少本地农村劳动力就业，也吸引了大量中西部农村剩余劳动力。尽管 1998 年的金融危机影响了中国经济和农村劳动力的转移，但整体看，该阶段农业人口向城镇的流动仍表现为规模比较大、稳定性强的特征。

第三是加速转移阶段（2004 年至今）。2001 年加入世界贸易组织后，中国经济迎来机遇的同时也面临各类挑战，其中，城乡二元分置的经济和社会结构就是阻碍中国经济快速、和谐发展的重要因素。为推动城乡经济社会的一体化，中央推出了一系列政策，以方便务工农民进城务工。2002 年，提出消除不利于城镇化发展的体制和政策障碍，以引导农村劳动力合理有序流动；2003 年，将务工农民纳入社会保险保障范围，要求流入地政府在坚持以全日制公办中小学为主的原则下解决务工农民子女的义务教育问题，明确各级财政安排专项经费扶持务工农民培训工作；2004 年，要求城市政府要切实把对进城农民的职业培训、子女教育、劳动保障及其他服务和管理经费纳入正常的财政预算；2005 年，提出公共就业服务机构对进城求职的农村劳动者要提供免费的职业介绍服务和一次性职业培训补贴；2006 年，提出要解决工资偏低和拖欠问题，依法规范劳动管理，搞好就业服务和培训，解决社会保障问题，提供相关公共服务，健全维护务工农民权益的保障机制等；2008 年 12 月 10 日召开的国务院常务会议提出了以下促进务工农民就业的措施，其中包括积极扶持劳动密集型企业、稳定务工农民就业、加强务工农民就业能力培训、扶持有条件和能力的务工农民返乡创业、确保务工农民工资按时足额发放、做好务工农民社会保障和公共服务、切实保障返乡务工农民的土地承包权益。在各项利好制度的激励下，本阶段进城务工农民保持了较大规模，特别是，从 2010 年的 24 223

万人（其中，外出务工农民 15 335 万人）攀升到了 2016 年的 28 171万人（其中，外出务工农民 16 934 万人）。[1] 由于不少外出务工农民已生育子女，且绝大多数子女未满 18 周岁，因而，如何抚育未成年子女成为许多外出务工农民不得不面对的现实问题。

二、"二元"人口管理与服务制度阻碍子女随务工父母迁往城市

城乡"二元"人口管理与服务制度的基础是城乡"二元"户籍制度。所谓城乡"二元"人口管理与服务制度，是指分别设定城镇户口和农业户口，户籍转换的程序十分严格，不同户籍公民的生活区域、职业选择空间不同，享有的社会服务权利有别。该制度以城乡"二元"户籍制度为基础。新中国成立后的中国大陆人口管理制度的演变大致可分为三个时期：一是自由迁徙期（1958 年以前），二是严格控制期（1958～1978 年），三是逐步开放期（1978 年以后）。在 1958 年以前的第一阶段，人们可以自由迁徙，中国无严格的户籍管理制度。1958 年 1 月 9 日全国人大常委会通过的《户口登记条例》确立了一套较为完整的户口管理制度，包括常住、暂住、出生、死亡、迁出、迁入、变更七方面的内容。根据该条例，公民迁往城市的主要途径是被城市用人单位录用和到城市读书；公民因私事离开常住地外出、暂住的时间超过 3 个月时，应向户口登记机关申请延长时间或者办理迁移手续；既无理由延长时间又无迁移条件的，应当返回常住

---

〔1〕 国家统计局：《中华人民共和国 2010 年国民经济和社会发展统计公报》（2011 年 2 月 28 日）；国家统计局：《中华人民共和国 2016 年国民经济和社会发展统计公报》（2017 年 2 月 28 日）。

地。[1] 由于城市录用务工农民及考取城市学校的比例极低，而农民又无法在城市长期居住生活，所以，该条例不仅严格限制农民取得城市户籍，也严格限制农民进入城市长期居住，城乡"二元"户籍制度由此形成。改革开放后，尽管逐渐放开了人口流动限制，并不断地对户籍制度进行改革，但现有户籍制度仍无法适应经济社会发展的需要。特别是，农业人口向城镇非农产业转移已成为常态时，以城乡"二元"户籍制度为基础的"二元"人口管理与服务制度严重阻碍了未成年子女随务工父母迁往城市，这是中国农村留守儿童问题产生的主要因素。

现有制度使得务工农民的随迁未成年子女无法获得所在城镇的受教育机会。为保障城镇儿童的受教育权，几乎所有城镇都优先保障本地户籍儿童接受学前教育、义务教育、高中教育及参加高考的机会。尽管国家教育部等六部门2003年联合颁布的《关于进一步做好进城务工就业农民子女义务教育工作的意见》确立了"两为主"原则[2]，并要求地方政府制定行政规章，做好协调工作，建立经费筹措机制，减轻教育费用负担，对已接受进城务工就业农民子女为主的社会力量所办学校予以扶持和管理，但不仅大量中小城市无法提供充足的教育资源来保障务工农民随迁子女公平接受义务教育的权利，而且大城市普遍为务工农民随迁子女接受义务教育设定了较高的条件。由于学前教育和高中教育不是义务教育，务工农民所在城市和学校享有更大的自主权，因而为务工农民随迁子女设定了更高的门槛。虽然国务院2012年转发了国家教育部等四部门《关于做好进城务工人员随迁子女接

---

〔1〕《户口登记条例》（全国人大常委会1958年1月9日发布），第10、16条。

〔2〕"两为主"原则，即解决进城务工农民随迁子女的义务教育问题，要"以进城务工农民流入地政府为主，以全日制公办小学为主"。

受义务教育后在当地参加升学考试工作的意见》，各地也按要求制定了实施方案，但鉴于高等教育更为直接地影响甚至决定孩子的发展和未来，各地也因而最为排斥向务工农民随迁子女开放高考。

现有人口管理与服务制度也阻碍务工农民随迁未成年子女有效享有所在城市医疗等社会服务的权利。中国已初步建立城镇居民社会保障法律制度，城镇未成年人可以享有居民医疗保险权、社会救助权等。根据各地的城镇居民医疗保险制度，城镇户籍儿童可享有相应的门诊医疗、住院医疗、大病医疗等方面的待遇。务工农民随迁子女因不具有父母所在城市户籍而很难享有相应的医疗待遇。虽然务工农民随迁子女可享有新型农村合作医疗[1]制度下的医疗保障待遇，但新农合制度的保障水平低于城镇居民医疗保险，且务工农民随迁子女的父母所在城市的医疗支出一般高于乡镇医院，异地报销也极不方便，因此，如现有制度不能保证务工农民随迁未成年子女享有城镇居民医疗保险待遇，必将增加务工农民的负担。同时，务工农民随迁子女也不易享受到城镇户籍儿童享有的教育、医疗、生活方面的社会救助待遇。当然，一些城市已有条件地把务工农民随迁子女纳入城镇居民医疗保险，[2]但尚不能覆盖大多数务工农民随迁子女；不少地方也为务工农民随迁子女提供了不少社会救助，但程度比较低。

依照户籍决定待遇的制度限制了务工农民随迁子女享受各种

---

〔1〕 下文中，除非必要，"新型农村合作医疗"简称"新农合"。

〔2〕 如根据《上海市城乡居民基本医疗保险办法》（沪府发〔2015〕57号）第2条第4款及《〈上海市城乡居民基本医疗保险办法〉实施细则》（沪人社医发〔2015〕47号）第1节第2条第2款，积分达到标准值的持有"上海市居住证"人员的18岁以下的同住子女可享受上海市城乡居民医疗保险待遇。

公共服务的机会，既增加了务工农民的家庭负担，也不利于随迁子女的生存和发展。权衡之后，许多务工农民被迫把未成年子女留在农村。

三、不完善的农村儿童社会保障制度

传统儿童社会保障制度未能有效维护农村留守儿童的基本权利。长期以来，农村留守儿童享有的主要是普通儿童能够享有的并不完备的社会保障制度待遇，包括新农合待遇、农村最低生活保障待遇、教育及医疗救助等。儿童出生后不久就可享受新农合制度待遇，有的地方还建立了专门适用于儿童的新农合制度，[1]各地还根据卫生部要求开展了提高农村儿童重大疾病医疗保障水平试点工作[2]，这些制度都有助于保障农村留守儿童的健康权，但针对性不够，无法全面适应农村留守儿童的医疗需求。农村最低生活保障待遇、教育及医疗救助也能够缓解农村留守儿童面临的各类困境，但保障力度有限。尤其是，现有的儿童机构照管和家庭照管制度主要针对孤儿、弃婴，无法满足农村留守儿童的照管需求；虽然各地建立了寄宿学校等各类适用于农村留守儿童的教育制度，但改进的空间仍然很大。

正在推进的普惠型儿童福利制度尚未把农村留守儿童作为重点保障对象。2013 年，中国民政部决定在江苏省昆山市、浙江省海宁市、河南省洛宁县、广东省深圳市等地开展适度普惠型儿童福利制度建设的试点。根据民政部《关于开展适度普惠型儿童福利制度建设试点工作的通知》（民函〔2013〕206 号），儿童群

---

〔1〕 如《大连高新技术产业园区中小学生及儿童新型农村合作医疗制度试行办法》（大高管发〔2010〕90 号）。

〔2〕《关于开展提高农村儿童重大疾病医疗保障水平工作试点工作的意见》（卫农卫发〔2010〕53 号）。

体分为孤儿、困境儿童、困境家庭儿童、普通儿童四个层次，并要参照孤儿基本生活保障制度，重点推进建立困境儿童基本生活保障制度。然而，该文件把困境儿童仅仅界定为残疾儿童、重病儿童和流浪儿童三类，大部分农村留守儿童都无法涵盖其中。2014 年，民政部发布《关于进一步开展适度普惠型儿童福利制度建设试点工作的通知》（民函〔2014〕105 号），新增 46 个县级试点单位，并强调坚持"适度普惠、分层次、分类型、分标准、分区域"的理念及"分层推进、分类立标、分地立制、分标施保"的原则。特别是，该新通知明确了建立儿童福利工作指导和服务体系，即，依托市（县）儿童福利机构或综合性的社会福利机构设立儿童福利指导中心，依托街道或乡镇设立儿童福利服务工作站，依托村（居）委员会设立一名儿童福利主任或儿童福利督导员，形成纵向到底、信息共享工作指导体系，开展儿童福利指导工作；依托儿童福利指导中心、儿童福利服务工作站和儿童福利主任，广泛动员专业化的社会服务组织参与，为有需求的儿童及其家庭提供教育辅导、心理疏导、监护指导、政策咨询、能力培训、帮扶转介、定期探访等服务。[1]尽管新的制度精神确立的儿童福利工作指导和服务体系非常符合农村留守儿童的状况，也可比较有效地对接农村留守儿童的基本需求，但是，除昆山市等少数试点地区把"留守儿童"作为保障对象之一外，[2]试点地区整体上尚未把农村留守儿童纳入主要保障对象

---

〔1〕《关于开展适度普惠型儿童福利制度建设试点工作的通知》（民函〔2013〕206 号）。

〔2〕 黄小希："为困境儿童'雪中送炭'——我国适度普惠型儿童福利制度建设试点工作综述"，载中国政府网，http：//www. gov. cn/xinwen/2014 – 11/18/content_2780388. htm，最后访问日期：2014 年 11 月 18 日。

之列。

受制于农村儿童社会保障制度的体系残缺及缺乏针对性，农村留守儿童社会保障制度的体系与结构很不完善，功能都比较有限，以至于，大量农村留守儿童的基本生活、照管、医疗、教育等方面的困难无法有效得以解决，社会性的农村留守儿童问题因而产生。

第三节　中国农村留守儿童社会保障及其局限性

一、中国农村留守儿童社会保障的界定

农村留守儿童社会保障是政府等公共机构通过提供相应给付克服农村留守儿童生存风险的制度安排。尽管现代各国几乎都依法确立了社会保障制度，但尚没有一个国家为农村留守儿童社会保障问题制定专门的法律，不过，各国却不乏适用于农村留守儿童的社会保障法律制度，因此，实质意义上的农村留守儿童社会保障制度存在于许多国家的法律体系中，且农村留守儿童社会保障法律制度的类型具有多样性。中国也没有专门的农村留守儿童社会保障法，却有许多适用于农村留守儿童的社会保障法律制度，内容也比较丰富。中国现行的《社会保险法》、《未成年人保护法》、《预防未成年人犯罪法》等中央及地方法律中就有大量规范农村留守儿童社会保障问题的制度安排。

农村留守儿童社会保障可分为不同的类型。首先，依照内容的不同，农村留守儿童社会保障可分为基本生活保障、健康保障、教育保障和照管保障。基本生活保障是指政府等公共机构为农村留守儿童提供衣、食、住、行等方面基本所需的制度安排。中国目前缺乏高层次的直接规范农村留守儿童基本生活保障问题

的法律，但有行政法规、部门规章等低层次的法律，如《社会救助暂行办法》、《城乡最低生活保障资金管理办法》、《最低生活保障审核审批办法（试行）》等。健康保障是政府等公共机构为农村留守儿童提供健康服务的制度体系。该领域的法律也尚未体系化。唯一的最高权力机关立法是《母婴保健法》，且只能规范作为婴儿的农村留守儿童的健康权益保护问题；中国有一些作为地方法规或地方规章的规范新农合的条例和管理办法。[1] 教育保障是政府等公共机构为农村留守儿童提供公共教育的制度集合。这方面的法律主要有《教育法》、《义务教育法》等。照管保障是政府等公共机构向农村留守儿童提供必要照管保障的制度安排。该领域的法律主要有《民法总则》、《社会福利机构管理暂行办法》等。其次，按照模式的不同，农村留守儿童社会保障可区分为农村留守儿童社会保险、农村留守儿童社会救助、农村留守儿童社会福利三种形式。其中，社会保险是建立于家庭缴费基础上的农村留守儿童社会保障制度。另外两种制度形式不需要家庭缴费，大部分资金来源于政府，少量资金源于社会捐助。社会救助为农村留守儿童提供的是高于人应具有的最低水准的物质和服务保障，且一般需要经过家庭经济状况调查；社会保险提供的是同农村留守儿童的家庭的缴费能力相匹配的物质和服务保障；社会福利为农村留守儿童提供的则是同国家或某一地区经济发展水平相称的物质和服务，保障水平较高，不需要进行家庭经

---

〔1〕《江苏省新型农村合作医疗条例》（江苏省人大常委会 2011 年 3 月 24 日发布）、《青岛市新型农村合作医疗条例》（青岛市人大常委会 2011 年 1 月 14 日发布）、《内蒙古自治区新型农村牧区合作医疗管理办法》（内蒙古自治区人民政府常务会议 2013 年 2 月 20 日发布）、《哈尔滨市新型农村合作医疗管理办法》（哈尔滨市人民政府常务会议 2011 年 3 月 28 日发布）。

济状况调查。在不同国家的历史发展中，不同模式的社会保障制度发挥的作用不同，各种社会保障类型的结合可以使农村留守儿童社会保障制度具有极强的适应性和保障力。

农村留守儿童社会保障旨在解决农村留守儿童的生存问题。农村留守儿童社会保障是社会保障的一个子制度，因而其可解决农村留守儿童的生存问题，包括最低生活的保障、现有生活的维持、更高质量生活的实现。如果说传统的生存保障模式主要是个人保障和职业保障，那么，现代市场经济孕育的社会保障应对的是个体力量和市场体制难以克服的生存问题，这也是社会保障和个人保障、职业保障的区别之处。诚如哈罗德·L. 威伦斯基（Harold L. Wilensky）所言，社会福利[1]只有在正常的供给渠道（即家庭和市场）遭到破坏时才发挥作用，即，基于历史发展的视角，社会保障制度是个人保障和职业保障无力应对生存问题时的替代物，具有弥补性功能。但是，在社会保障制度建立后，三种保障方式就形成了相互协同的互动态势，不是孰主孰次，而是共同作用。因而，从横向的角度看，农村留守儿童社会保障和个人保障、职业保障都是"正常的和第一线的"生活问题防范系统。哈罗德·威伦斯基提出的福利模式二分法，即剩余模式和制度模式，[2]有助于我们理解农村留守儿童社会保障制度各部分之间的关系。在现代社会，政府同家庭、公共机构在生存保障领域的分工是相对的，农村留守儿童社会保障的参与者不仅有政府，家庭、公共机构等也是重要的主体。

---

〔1〕 此处的"社会福利"是广义的，大体相当于中国实践和主流学术观点中的"社会保障"。

〔2〕 有关哈罗德·威伦斯基的理论，参见郑功成：《社会保障学——理念、制度、实践与思辨》，商务印书馆 2000 年版，第 22～23 页。

农村留守儿童社会保障具有社会性。农村留守儿童社会保障的社会性表现为两个方面：其一，农村留守儿童社会保障建立于广泛的社会协作之上。农村留守儿童社会保障是较大范围内社会成员间的互助与协作，其存在基础不仅是同一单位、同一行业人员间的关联，还可能是同一地区甚至同一国家内的不同行业人群间的合作。其二，农村留守儿童社会保障的实施主体是多元的。由于社会保障覆盖的人员具有广泛性，所以，拥有公共权力的国家必须参与其中，否则，就无法把属于不同群体的人员集结在一起。但国家的强制性并不适宜于一切事务。社会团体也因其专业性、非营利性、直接参与性、自治性等特征而具有自己的独特优势。同样，市场上的营利性机构也可依托其竞争性提升效率。所以，从产生之日起，农村留守儿童社会保障的运营主体就不只限于国家。

农村留守儿童社会保障的给付方式具有多样性。有学者把社会保障的给付分为三类：一是经济给付，即从经济上保障社会成员的生活，它通过现金或实物的方式实现；二是服务给付，即，当代社会还需要适应家庭结构变迁和自我保障功能弱化的变化，满足国民对有关生活服务的需求；三是精神给付，这属于文化、伦理、心理慰藉方面的保障，也是更高层次的给付。[1] 农村留守儿童社会保障的给付方式也包括这三种方式。经济给付和服务给付是传统的给付方式，其中，经济给付又是主要的给付类型；这两类给付是较为基础性的给付，它们可维持农村留守儿童的基本生活所需。不过，精神需求也是农村留守儿童生活不可或缺的

---

〔1〕 郑功成：《社会保障学——理念、制度、实践与思辨》，商务印书馆 2000 年版，第 12 页。

重要内容。依托社会保障为农村留守儿童提供必要的精神性供给尤为必要。父母的长期外出不仅削弱了农村留守儿童获得经济保障和服务保障的能力，更容易对农村留守儿童心理形成不良影响，有时甚至是难以恢复的。而心理健康又深刻地影响着农村留守儿童的物质生活。因此，有效的精神保障对农村留守儿童特别重要。

二、现行中国农村留守儿童社会保障制度的局限性

（一）专门针对农村留守儿童的社会保障制度比较少

中央与地方都颁布过农村留守儿童社会保障的文件，并就农村留守儿童的教育保障、基本生活保障、医疗保障和照管保障做出了规定。这对于维护农村留守儿童的生存权发挥了积极作用。但这些制度安排在解决农村留守儿童社会保障权方面仍缺乏针对性，不能就农村留守儿童各方面的生存权保障需求做出有效的回应。首先，各级政府有关农村留守儿童的文件大多先就农村留守儿童社会保障方面的问题分别作出概括性归纳，然后呼吁政府相关部门和社会各界积极行动，共同解决。根据农村留守儿童的身份特征做出具体性设计的制度安排非常少。[1] 其次，农村留守儿童社会保障专项制度安排的数量比较少。中国只制定了少数专门适用于农村留守儿童的社会保障制度，大多数适用于农村留守儿童的社会保障制度都不是专项制度，而是还可同时适用于其他

---

[1] 《关于加强义务教育阶段农村留守儿童关爱和教育工作的意见》（教基一 [2013] 1 号，2013 年 1 月 4 日发布）、《关于进一步加强农村留守儿童和留守老人救助管理工作的意见》（川府函 [2011] 121 号，2011 年 6 月 13 日发布）、《关于进一步做好关爱农村留守儿童工作的通知》（湘团联 [2007] 45 号，2007 年 7 月 17 日发布）、《关于做好关爱农村留守儿童工作的意见》（皖发 [2009] 32 号，2010 年 4 月 8 日发布）。

儿童或成年人。从规范基本生活的社会保险、社会福利和社会救助制度，到公共教育制度、健康保障制度和照管保障制度，多数都不是专门为农村留守儿童制定的。这表明，适用于农村留守儿童的不少制度都没有考虑农村留守儿童与其他儿童的区别，甚至没有区分农村留守儿童与成年人。其中，《义务教育法》把农村留守儿童作为儿童的一部分，新农合制度把农村留守儿童与成年人同等对待。不能结合农村留守儿童特点的制度就不能充分满足农村留守儿童的需要，无法有效保障农村留守儿童的生存权。最后，农村留守儿童社会保障专项制度覆盖领域不均衡。中央与地方比较重视的针对性强的制度主要集中于农村留守儿童的教育领域。其中，安徽省就依托中小学校和幼托机构设立"农村留守儿童之家"的问题颁布了四个专门性文件，[1] 有关"农村留守儿童之家"的建设、考核、管理和使用养护的相关规定的可操作性非常强。其他不少地方也就农村留守儿童的义务教育、寄宿制学校建设等问题颁布了许多规定。教育之外相关领域的制度安排则比较少。总之，目前中国现有社会保障制度安排还远远无法满足农村留守儿童的特殊需求。

（二）保障主体的责任配置不匹配

中国现有农村留守儿童社会保障制度仍然主要倚重于国家责任，营利性主体和自治性主体的作用不足。首先，政府的资金责任过重。无论是农村留守儿童的社会救助制度、社会福利制度，还是农村留守儿童的社会保险制度，绝大多数资金来源于政府，

---

［1］《农村留守儿童之家建设实施办法》（民生办［2010］1号）、《安徽省校内农村留守儿童之家建设和管理办法》（皖教基［2010］6号）、《安徽省校内农村留守儿童之家建设和管理考核办法》（皖教基［2010］14号）、《关于加强农村校内留守儿童之家管理使用养护工作的意见》（皖教基［2011］8号）等。

来源于农村留守儿童家庭和社会捐助的资金只占极小部分。各类社会保障基金的保值增值主要依托于政府存款，而没有运用风险与收益机会都大的信托投资制度。资金增值率低意味着政府财政责任无法降低。其次，政府的经办责任过重。各类农村留守儿童社会保障事务的提供者几乎都是政府或者政府所属单位。不仅为农村留守儿童提供健康和教育保障的主要是公共事业单位，而且农村留守儿童基本生活保障和照管保障的主要供给者也是政府或政府主办的组织，效率较高的市场组织和自治机构尚未参与其中。最后，政府的监管责任过重。从资金的筹集和管理到待遇的申请和发放，都主要依赖政府机构的监督。虽然现有制度设置了许多由受益人和公众参与农村留守儿童社会保障制度的规范，但国家主导公共事务的传统和公民自治文化的缺乏使得很多公众监督制度的实施效果不佳。

（三）社会保障制度的法定化程度低

中国农村留守儿童社会保障制度的法定化程度比较低。在农村留守儿童社会保障领域，中国不仅已经签署了《公民权利和政治权利国际公约》、《经济、社会及文化权利国际公约》、《儿童权利公约》等国际法律文件，还颁布了《未成年人保护法》、《义务教育法》、《预防未成年人犯罪法》、《社会保险法》等许多国内法。但整体而言，中国农村留守儿童社会保障领域的法定化程度仍亟待提高。其一，缺乏系统的法律规范配置。法律规范的覆盖范围是决定某一领域法定化程度高低的首要标志。目前，中国没有农村留守儿童社会保障基本法，与农村留守儿童社会保障关系最密切的《未成年人保护法》中有针对性的内容仅一条，《义务教育法》也未就农村留守儿童的教育问题做出特别规定；

尽管较多的相关法律规范散见于部分省级和市级地方法规[1]之中，但条文少而简单，可实施性差。不仅农村留守儿童社会保障制度没有形成整体性的法律体系，且该制度所涉及的基本生活、照管、教育、医疗等领域各自的法律框架也尚未成形。其二，现有法律的等级低。农村留守儿童社会保障的法律规范不仅数量少，而且大都散见于地方法规之中。相对于国家最高立法机关及最高行政机关立法，地方法规不仅权威不够，而且容易产生显性和隐性的法律冲突，法律实施效果不好。

---

　　[1]　此处指15个省的《未成年人保护条例》、《湖南省实施〈未成年人保护法〉办法》及《银川市未成年人保护条例》。

第二章

构建中国农村留守儿童社会保障
法律制度的基础

第一节　构建中国农村留守儿童社会保障
法律制度的社会基础

具备社会基础的制度变迁才具有可行性。作为社会治理体系重要组成部分的农村留守儿童社会保障法律制度的改进也必然受制于相应的社会条件。当前，建立完备的中国农村留守儿童社会保障制度至少需要具备三个有利的社会条件：快速推进的城镇化、持续发展的国民经济、稳步实施的依法治国。

一、动力源泉：快速推进的城镇化

城镇化是实现中国现代化和经济社会持续发展的必由之路。积极稳妥推进城镇化，对于加快现代化建设、全面建成小康社会、实现民族复兴，意义重大。[1] 首先，城镇化是中国实现现代化的基本路径。近代以来的历史表明，工业化和城镇化的有机

---

[1]　本部分有关城镇化的意义，主要引自中共中央、国务院：《国家新型城镇化规划（2014～2020 年）》（2014 年 3 月 16 日），第一章。

结合几乎是所有国家成功实现现代化的必备条件。现代化必然意味着工业化、信息化及农业生产率的大幅提高，但城镇化却是不可或缺的载体，因为城镇化为工业化、信息化及农业现代化提供空间和平台。中国要实现现代化，不仅要重视作为发展动力、居于主导地位的工业化，还要推进作为发展根基的农业现代化，也要重视能为发展注入新活力、具有后发优势的信息化，更要推进城镇化。其次，城镇化是保持经济持续健康发展的引擎。一方面，城镇化能最大限度地扩大内需，从而推动经济发展。提高城镇化水平，可以使更多农民依托工作转换获得高收入机会，依托获得的市民身份享受更好的公共服务，进而使城镇消费群体不断扩大、消费结构不断升级、消费潜力不断释放，并可带来城市基础设施、公共服务设施和住宅建设等方面的巨大投资需求，为中国经济发展提供持续动力。另一方面，城镇化可通过促进产业转型升级推动经济持续发展。服务业是巨大的就业容纳领域。城镇化过程中的人口集聚、生活方式变革、生活水平提高及生产要素的优化配置、三大产业的联动、社会分工的细化，都可扩大生活性服务需求。特别是，城镇化带来的创新要素集聚和知识传播扩散，可有效增强创新活力，驱动传统产业升级和新兴产业发展。最后，城镇化有助于推动经济社会协调发展。城镇化可推动农村人口逐步向城镇转移，导致农民人均资源占有量相应增加，促进农业的规模化和机械化，提升农业现代化水平和农民生活水平，缩小城乡经济差别。城镇化有助于推动中部和西部经济增长点的培育，促进市场空间由东向西、由南向北梯次拓展，使经济布局更加合理，区域发展更加协调。

突出的农村留守儿童问题将持续存在于城镇化快速发展期。中国农村留守儿童问题是中国城镇化过程的产物。改革开放以来，经济体制变革释放的动力加速了中国的工业化、现代化，而工业化和现代化又快速推进了中国的城镇化。由于城镇化意味着城市经济活动日益发达、管理和政治组织逐步增加、交通组织的普及导致不断增长的人口去往城市生活，[1] 所以，城镇化也为中国农业人口变为非农人口提供了机会。不过，由于二元户籍制度及与其相关联的社会保障等制度的存在，迫使许多城市务工农民不得不把其未成年子女留置于农村，而不少农村家庭和社会又无法为留守儿童有效提供基本生活、照管、教育、医疗等方面的保障，导致严重农村留守儿童问题的出现。前已述及，2012 年全国妇联课题组根据《中国 2010 年第六次人口普查资料》样本数据推算，全国有农村留守儿童 6102.55 万，占农村儿童总数的 37.7%，占全国儿童总数的 21.88%。[2] 根据《国务院关于加强农村留守儿童关爱保护工作的意见》的农村留守儿童界定标准，即"父母双方外出务工或一方外出务工另一方无监护能力，无法与父母正常共同生活的不满 16 周岁农村户籍未成年人"，民政部、教育部和公安部 2016 年在全国共摸底排查出农村留守儿童 902 万人。[3] 依照 2012 年全国妇联课题组的数据，全国农村留守儿童的数量约占全国农村人口的 9%，[4] 与我国一个人口较多

---

〔1〕 〔美〕斯蒂文·瓦戈：《社会变迁》，王晓黎等译，北京大学出版社 2007 年版，第 85 页。

〔2〕 全国妇联课题组：《我国农村留守儿童、城乡流动儿童状况研究报告》（2013 年 5 月 10 日）。

〔3〕 高晓兵：《关于农村留守儿童摸底排查工作基本情况的通报和"合力监护、相伴成长"关爱保护专项行动的说明》（2016 年 11 月 9 日）。

〔4〕 根据 2010 年第六次全国人口普查结果，全国乡村人口数为 6.741495 亿。参见国家统计局：《2010 年第六次全国人口普查主要数据公报（第 1 号）》（2011 年 4 月 28 日）。

省级行政区的人口数相当,[1]与英国、法国、意大利等国的人口规模相近。[2]依据 2016 年民政部、教育部和公安部全国共摸底排查数据,全国农村留守儿童约占全国农村常住人口的 1.53%,[3]接近或多于我国一个人口较少省级行政区的人口数,[4]与匈牙利、白俄罗斯等欧洲一些中等规模国家的人口相近。[5]然而,我国 2016 年常住人口城镇化率约为 57.35%,户籍人口城镇化率则约为 41.2% 左右,[6]既远低于发达国家 80% 的平均水平,同人均收入与我国相近的发展中国家 60% 的平均水平相比,也有较大距离;根据世界城镇化的一般规律,我国仍处于城镇化率 30%~70% 的快速发展阶段。[7]而且,我国刚刚进入城镇化快速发展阶段,农业人口向城镇转移将持续相当长的一段时间。尽管随着户籍制度改革的启动,中小城市、建制镇的

---

〔1〕 2015 年末,湖南省、安徽省的总人口分别为 0.6783 亿、0.6144 亿。参见国家统计局网站的"统计数据"栏目下的"地区数据"栏目下的"分省年度数据"项,最后访问日期:2017 年 11 月 28 日。

〔2〕 2015 年,英国的人口数为 0.65128861 亿,法国的人口数为 0.66538391 亿,意大利的人口数为 0.60730582 亿。参见国家统计局网站的"统计数据"栏目下的"国际数据"栏目下的"主要国家(地区)年度数据"项,最后访问日期:2017 年 11 月 28 日。

〔3〕 2016 年中国大陆的乡村常住人口为 0.58973 亿。参见国家统计局:《中华人民共和国 2016 年国民经济和社会发展统计公报》(2017 年 2 月 28 日)

〔4〕 2015 年,海南省的总人口为 911 万,宁夏回族自治区的总人口为 668 万,青海省的总人口为 588 万,西藏的总人口为 324 万。参见国家统计局网站的"统计数据"栏目下的"地区数据"栏目下的"分省年度数据"项,最后访问日期:2017 年 11 月 28 日。

〔5〕 2015 年,匈牙利的人口数为 0.09843028 亿,白俄罗斯的人口数为 0.09489616 亿。参见国家统计局网站的"统计数据"栏目下的"国际数据"栏目下的"主要国家(地区)年度数据"项,最后访问日期:2017 年 11 月 28 日。

〔6〕 国家统计局:《中华人民共和国 2016 年国民经济和社会发展统计公报》(2017 年 2 月 28 日)。

〔7〕 中共中央、国务院:《国家新型城镇化规划(2014~2020 年)》(2014 年 3 月 16 日),第一章、第四节。

落户条件变得十分宽松，但仍对大城市的落户保留一定限制，特大城市与超大城市的落户将比较严格，[1] 大规模的农村留守儿童现象将在未来较长一段时期存在。

农村留守儿童生存与发展权的实现是城镇化健康推进的体现。健康的城镇化绝不是城乡分裂、工农对立，而是应坚持工业反哺农业、城市支持农村和多予少取方针，加大统筹城乡发展力度，增强农村发展活力，逐步缩小城乡差距，促进城镇化和新农村建设协调推进。[2] 维护农村留守儿童生存与发展权首先是现代人权的应有之义，也是城乡和谐发展的基础。能够保障生存与发展权的制度安排有利于农村留守儿童的健康成长，也有利于城镇务工农民的工作和生活稳定，这不仅是农村留守儿童及其家庭认可社会、融入社会、贡献社会的重要条件，更是城乡融合、城乡协调发展的保障。塔尔科特·帕森斯（Talcott Parsons）认为，任何社会系统都具有某种程度的自给自足，自给自足依赖于社会内部的整合及社会子系统与其他子系统的和谐关系。[3] 作为现代社会子系统的务工农民家庭能否同其他社会子系统和谐相处将影响社会整合及其自洽性的程度。"城乡二元结构是制约城乡发展一体化的主要障碍。必须健全体制机制，形成以工促农、以城带乡、工农互惠、城乡一体的新型工农城乡关系，让广大农民平等参与现代化进程、共同分享现代化成果。"[4] 因而，农村留守

---

〔1〕《居住证暂行条例》（国务院令第663号，2015年11月26日发布），第12条等。

〔2〕 中共中央、国务院：《国家新型城镇化规划（2014～2020年）》（2014年3月16日），第二十章。

〔3〕 宋林飞：《西方社会学理论》，南京大学出版社1997年版，第97页。

〔4〕 中共中央：《关于全面深化改革若干重大问题的决定》（中共第十八届中央委员会第三次全体会议通过，2013年11月12日发布），第六部分。

儿童及其家庭能够享受到社会发展成果也是城乡一体化的要求。良好的教育条件、医疗保障、社会救助制度及生活照管不仅是对农村留守儿童生存和发展权的保障，也是城乡一体化稳步推进的基础。以人为本的城镇化是现代人权理念和当代文明的基本要求，是城乡统一的基础。农村留守儿童社会保障权的实现程度是城乡融合程度的重要标志。

二、物质保障：持续发展的国民经济

政府财政是农村留守儿童社会保障法律制度的基础。农村留守儿童社会保障的资金责任之所以主要由公共财政承担，原因有三：其一，农村留守儿童社会保障是公共产品。农村留守儿童社会保障事关农村留守儿童的日常照顾、基本生活、健康、教育，影响农村留守儿童的生存权和发展权，也关系着农村经济社会进步，因而是公共事务，作为公共财政的政府财政应当提供支持。其二，二元社会结构是农村人口社会保障资金供给能力相对较弱的根源。虽然受益人或其家庭可以承担社会保障的资金责任，但包括农村留守儿童在内的农村人口的社会保障资金承担能力却很弱。造成此种状况的根本原因在于新中国成立后长期实施的工业和城市优先发展战略。优先发展工业和城市使得工业和农业产品价格之间长期存在"剪刀差"，并在重视城市人口社会保障的同时弱化了对农村人口的公共服务，从而逐渐形成了经济水平相差悬殊的城乡二元社会结构。既然政府因公共利益考量而阻碍了农村发展，并削弱了农村人口的社会保障资金筹措能力，现代政府，特别是中央政府，就有责任通过公共财政帮助农村人口建立社会保障。其三，留守儿童是农村人口中的弱势群体。农村留守儿童是农村儿童中的弱者，更是农村人口群体中的弱者，其家庭负担社会保障资金的能力一般很弱，作为公共责任承担者的政府有义务帮助其建立社会保障。

中央财政和中西部财政是农村留守儿童社会保障的主要资金来源。由于农村留守儿童家庭的收入比较低，无法负担比较多的农村留守儿童社会保障资金责任，因而，要建立农村留守儿童社会保障制度，宜由政府承担主要资金责任。一方面，中国的农村留守儿童主要分布于经济相对比较落后的中西部地区，中西部地方政府也是农村留守儿童生存权益的首要维护者，有责任为农村留守儿童社会保障提供资金支持。另一方面，中国中西部地区经济发展水平低，财政收入规模较小，而农村留守儿童的规模却比较大，导致中西部政府财政无法为农村留守儿童社会保障独立提供较充分的资金支持。社会保障的地区间公平取决于两个方面：一是物价水平的差异程度，二是人均社会保障支出的差异程度。扣除掉物价差异因素后，如果一个地区人均社会保障支出同全国的人均社会保障支出处于同等水平，则表明该地区的社会保障资金配置比较合理。中国农村人口多的中西部地区反而是经济比较落后、财政筹集能力比较弱的地区，中西部地方政府的社会保障资金供给能力相对更弱。〔1〕即使扣除掉物价差异，中国西部地区农村留守儿童社会保障支出的人均水平也比较低。只有中央政府向中西部地区提供更多财政转移支付，才能保障中西部农村留守儿童社会保障的保障水平和制度公平。

经济的发展水平和可持续性是农村留守儿童社会保障的物质基础。无论是中央政府、地方政府的农村留守儿童社会保障财政供给能力，还是农村留守儿童家庭的社会保障资金缴纳能力都与

---

〔1〕 叶金国、仇晓洁："中国农村社会保障财政资源配置问题及其对策研究"，载《河北学刊》2015 年第 4 期。

中国经济的整体发展水平和潜力密切相关。而当前中国经济的发展水平和态势可为农村留守儿童社会保障提供良好的物质保障。其一，中国经济实现了持续较快发展。改革开放以来，经济结构调整取得重大进展，农业稳定增长，第三产业增加值占国内生产总值比重超过第二产业；居民消费率不断提高，城乡区域差距趋于缩小，常住人口城镇化率达到 56.1%；基础设施水平全面跃升，高技术产业、战略性新兴产业加快发展，一批重大科技成果达到世界先进水平；经济总量稳居世界第二位，人均国内生产总值增至 49 351 元（折合 7924 美元）。[1] 1979～2015 年底，全国财政总收入（包括中央和地方）从 1146.38 亿元人民币增至 152 216.65 亿元人民币，增长了约 132 倍，年均增长率约为 13.57%。[2] 其二，中国经济将会保持一段较高速度的增长。中国政府预计，在提高发展平衡性、包容性、可持续性基础上，到 2020 年，国内生产总值和城乡居民人均收入将会比 2010 年翻一番，主要经济指标的平衡协调、发展质量和效益将明显提高；产业将迈向中高端水平，农业现代化进展明显，工业化和信息化融合发展水平也会进一步提高，先进制造业和战略性新兴产业将加快发展，新产业新业态将不断成长，服务业比重将进一步提高；国内生产总值年均增长率将达 6.5% 以上。[3] 尽管国内外的不利因素依然存在，但推动中国经济平稳较快发展的有利的国内因素却十分突出。中国经济发展正进入新常态，向形态更高级、分工更优化、

---

〔1〕《国民经济和社会发展第十三个五年规划纲要》（全国人民代表大会 2016 年 3 月 16 日发布）。

〔2〕 根据国家统计局网站中的"统计数据"栏目下的"数据查询"项下的数据计算而来。

〔3〕《国民经济和社会发展第十三个五年规划纲要》（全国人民代表大会 2016 年 3 月 16 日）。

结构更合理阶段演化的趋势更加明显；消费升级加快，市场空间广阔，物质基础雄厚，产业体系完备，资金供给充裕，人力资本丰富，创新累积效应正在显现，综合优势依然显著；新型工业化、信息化、城镇化、农业现代化正深入发展，新的增长动力正在孕育形成，新的增长点、增长极、增长带不断成长壮大；全面深化改革和全面推进依法治国正释放新的动力、激发新的活力。[1]良好的条件将保障中国经济的持续健康发展，从而为农村留守儿童社会保障制度的建立提供扎实的物质基础。

三、法治条件：稳步实施的依法治国

法定化是农村留守儿童社会保障制度效力的重要保障。制度是人为设计的、塑造人们互动关系的约束，有正式与非正式之分。[2]非正式制度或尚非法律的正式制度转换成法律规范（即法定化）后就具有法定性：其一，法定化可增强制度的确定性、强制性，并能给人们带来更稳定的预期。其二，法定化也可增强制度的合法性。合法性取决于合理性与法定性。合理性是制度合法性的内在依据，法定性则是制度合法性的外在依托。不过，由于法定性往往以制度的合理性为前提，因而，法定化在形式和实质上都增强了制度的合法性。综上，人们的稳定预期及得以强化的合理性皆使制度更易获得广泛认可，制度的可实施性也更强，制度绩效也会显著增加。

应当依托国家权力提高农村留守儿童社会保障制度的法定化程度。前已述及，中国农村留守儿童社会保障领域不仅缺乏系统

---

〔1〕《国民经济和社会发展第十三个五年规划纲要》（全国人民代表大会 2016 年 3 月 16 日）。

〔2〕［美］道格拉斯·C. 诺斯：《制度、制度变迁与经济绩效》，杭行译，韦森译审，格致出版社、上海三联书店、上海人民出版社 2008 年版，第 3~4 页。

的法律规范配置，而且已有法律的等级很低。这大大弱化了现有农村留守儿童社会保障制度的实施效果，因此，必须推进制度的法定化，具体包括：其一，国家应建立农村留守儿童社会保障法律体系。农村留守儿童社会保障制度有三种立法模式，即法典式、混合式、附属式。法典式是指只有单一的《农村留守儿童社会保障法》法典或者《农村留守儿童社会保障法》法典与单行法相结合的立法模式；混合式是指仅制定多部平行的单行法的立法模式；附属式则是指把农村留守儿童社会保障制度的内容置于作为基本法的《儿童权利法》[1] 及《儿童福利法》、《义务教育法》、《职业教育法》、《基本医疗保险法》、《寄养法》等相关法中的立法模式。由于农村留守儿童只是一个特殊的儿童群体，农村留守儿童社会保障制度也只是儿童社会保障制度的一部分，且中国儿童权利法律体系尚未形成，所以，制定专门的农村留守儿童社会保障法典或系列单行法都不太可行，而采用附属立法模式则比较恰当。其二，国家应改变"上法简略、下法详尽"的立法模式。在农村留守儿童社会保障法定化过程中，应保证国家权力机关立法规范的可实施性，摆脱"上法依赖下法"、"下法虚置上法"的局面，增强法律权威和实施效果。

正在稳步实施的依法治国为农村留守儿童社会保障制度法制化提供了重要条件。中共十八届四中全会分析了我国法制建设存在的问题，提出了依法治国的目标、原则及构建社会主义法律体系的思路。其中特别提到，现有法律的针对性、可操作性不强，立法工作中部门化倾向、争权诿责现象较为突出；全面推进依法治国的目标包括形成完备的法律规范体系、高效的法治实施体

―――――――――

〔1〕 该法可由《未成年人保护法》修改而来。

系、严密的法治监督体系、有力的法治保障体系，实现科学立法、严格执法、公正司法、全民守法，促进国家治理体系和治理能力现代化；必须坚持立法先行，发挥立法的引领和推动作用，抓住提高立法质量这个关键，把公正、公平、公开原则贯穿立法全过程，完善立法体制机制，坚持立改废释并举，增强法律的及时性、系统性、针对性、有效性；加强重点领域立法，保障公民经济、文化、社会等各方面权利得到落实，实现公民权利保障法治化，增强全社会尊重和保障人权意识，健全公民权利救济渠道和方式；完善教育、就业、收入分配、社会保障、医疗卫生、食品安全、扶贫、慈善、社会救助和妇女儿童、老年人、残疾人合法权益保护等方面的法律法规。[1] 上述依法治国精神正在转化为全社会的行动，并有助于逐步推进规范立法、依法行政、公正司法及增强全体社会成员的法治理念，中国社会治理法治化的进程将因而得以加快。良好的法治环境不仅可为农村留守儿童社会保障事务治理的规范化提供制度支持，也可为完善农村留守儿童社会保障法律体系、改进农村留守儿童社会保障立法模式提供动力和保障。尤其是，农村留守儿童社会保障法律的完善既有助于在农村留守儿童社会保障领域形成完备的法律规范体系、高效的实施机制，也是在农村留守儿童社会保障领域贯彻公正、公平、公开原则及增强农村留守儿童社会保障法律的及时性、系统性、针对性、有效性的过程，更是保障农村留守儿童享有经济、文化、社会等方面基本权利的重要举措。

---

〔1〕 中共中央：《关于全面推进依法治国若干重大问题的决定》（中共第十八届中央委员会第四次全体会议通过，2014 年 10 月 23 日发布）。

第二节　构建中国农村留守儿童社会保障
法律制度的理论基础

正确的理论是行动的有效指引。农村留守儿童社会保障法律制度的改进不仅需要客观的社会基础，也离不开比较成熟的理论的指引。社会权理论、国家亲权理论和儿童最大利益理论是中国农村留守儿童社会保障法律制度改进的重要理论基础。

一、社会权理论

社会权是指依托国家等公共力量的援助才能实现的权利。社会权是相对于自由权而言的。社会权与自由权的主要区别在于，二者对待国家与个人的态度不同。自由权以国家不干预为实现的前提，所以自由权以防范、排除国家权力为特征。自由权思想源于古典自由主义。约翰·洛克（John Locke）强调："政府除了保护财产之外，没有其他目的"；[1] 威廉·冯·洪堡（Wilhelm von Humboldt）认为：国家的作用主要是关心公民的负面福利——防范外敌侵犯和遏制内部冲突，以维护安全；如果再向前迈一步，就是关心公民的正面福利——维护或促进民族物质繁荣，结果就会对人的真正目的的实现构成威胁；[2] 托马斯·罗伯特·马尔萨斯（Thomas Robert Malthus）认为，援助老人等弱者的社会改

〔1〕［英］洛克:《政府论（下篇）》，叶启芳、瞿菊农译，商务印书馆1964年版，第58页。

〔2〕［德］威廉·冯·洪堡:《论国家的作用》，林荣远、冯兴元译，中国社会科学出版社1998年版，第36~62页。洪堡认为，关心正面福利主要是指救济穷人，间接促进农业、工业和商业的发展，进行财政和货币操作，实施进出口禁令，防止自然灾害和灾后重建等。

革方案将导致促使人们勤劳和国家繁荣的力量消失;[1] 赫伯特·斯宾塞（Herbert Spencer）认为，英国制定《济贫法》超出了国家应有的职能范围，会导致民质下降和社会退步。[2] 依照基于古典自由主义的自由权理念，政府应当把自己的活动范围限制于狭窄的必要领域，不当扩展政府行为将阻碍个人发展，并削弱社会竞争力。自由权理念的形成缘于资产阶级对封建专制的憎恨及对政府限制个人自由的防范。然而，垄断资本主义发展产生的社会问题使得自由权理念的局限性逐渐显现。政府的不干预、不介入无法化解失业、贫困等社会问题。新自由主义、社会主义等社会思潮应运而生。从德国哲学家约翰·戈特利布·费希特（Johann Gottlieb Fichte）强调的人民应拥有教育权，到法国空想社会主义者夏尔·傅立叶（Charles Fourier）1808 年提出的人民应享有工作权，再到社会权条款丰富的 1919 年德国《魏玛宪法》,[3] 依托国家积极行动保障公民基本权利的理念逐渐转换为实践；从苏俄社会主义革命、福利经济学，到以"社会保障法"为代表的罗斯福新政，再至凯恩斯革命引领的政府干预经济实践，社会权获得了更为深厚的政治、经济根基。总之，国家不仅应当维护公民的自由权，也要确保每个国民都能过上有尊严的生活；社会权不只是为公众增添了新的权利形式，而是使其获得了实现生存权的新型制度路径。

为保障作为弱势群体的农村留守儿童的生存权和发展权，国

---

〔1〕 刘燕生:《社会保障的起源、发展和道路选择》，法律出版社 2001 年版，第 33 页。

〔2〕 邹永贤主编:《国家学说史》，福建人民出版社 1987 年版，第 469 页。

〔3〕 转引自陈新民:《德国公法学基础理论》（下册），山东人民出版社 2001 年版，第 689 页。

家等公共权力应介入农村留守儿童生活领域，协助克服自由市场体制产生的农村留守儿童生存风险。不论是农村留守儿童社会保险权，还是农村留守儿童社会救助权、农村留守儿童社会福利权，国家等公共机构都是主要的义务主体。没有国家等公权力代表的积极参与，上述各类农村留守儿童社会保障权的实现是不可能的，而这些权利构成了农村留守儿童社会保障权的主要内容。因此，构建保障农村留守儿童社会保险权、社会救助权与社会福利权的社会保障制度是社会权的自然要求，以社会权为基础的农村留守儿童社会保障权应首先表现为农村留守儿童及其监护人要求国家等公共机构履行相应义务的权利。尽管由于儿童社会保障制度中的国家责任理念已由消极国家观经由积极国家观发展至适度国家观，企业、事业单位、社会团体、个人等因而也可成为农村留守儿童社会保障事务的参与者，即，国家不再是事务的全面承担者，但国家权力仍然是中国农村留守儿童社会保障制度的基础，特别是，国家应在制度构建的基本方面承担主要责任。

国家协助农村留守儿童实现社会保障权的责任只有借助稳定性、系统性的法律才能更好地落实；法律制度是社会权理念在农村留守儿童社会保障领域实现的有效依托。

二、国家亲权理论

国家亲权理论有深厚的理念渊源和实践根基。"国家亲权"一词源自对拉丁文"parens patriae"的意译，原意为"终极父母/监护人"（ultimate parent/guardian）、"国家之父"（father of his country）、"超级父母"（super parents）或"国家父母"（state as parent 或 parent of the country），具有多重含义。[1] 有学者认为，国家亲权（parens patriae）的字面含义指的是"国家家长"（parent of the country），传统的含义则是指国家居于无法律能力者（如未成年人或者精神病人）的君主和监护人的地位。[2] 意大利学者阿尔诺尔多·马克罗内（Arnaldo Marcone）主张，国家亲权的概念早在戴克里先（Diocletian）的《价格敕令》的序言中就有了萌芽，其相关表述为："朕作为全人类的父母（parentes generis humani）有必要警告……"[3] 但最早的国家亲权的理论和实践则可向前追溯到古希腊。[4] 古罗马的国家亲权的观念首先表现为国家在自然父亲缺位的时候顶替其角色，其次表现为为了国家的利益以国家亲权干预或阻却自然亲权。前者集中体现为古罗马的官选监护制度、官选保佐制度和贫困儿童国家抚养制度；后者集中体现为限制自然父权的粗暴运用。[5] 一般认为，现代"国家亲权"法则系经英国"衡平法院"（Chancery Court）的照护财产或者指导未成年人制度演变而来。[6] 在作为普通法国家亲权起源地的英格兰，14 世纪颁布的《关于国王特权的法律》（De Praerogativa Regis）就规定了国王保护其臣民的监护义

---

〔1〕 张鸿巍："少年司法语境下的'国家亲权'法则浅析"，载《青少年犯罪问题》2014 年第 2 期。

〔2〕 姚建龙："国家亲权理论与少年司法——以美国少年司法为中心的研究"，载《法学杂志》2008 年第 3 期。

〔3〕 转引自徐国栋："普通法中的国家亲权制度及其罗马法根源"，载《甘肃社会科学》2011 年第 1 期。

〔4〕 徐国栋："国家亲权与自然亲权的斗争与合作"，载《私法研究》2011 年第 1 期。

〔5〕 徐国栋："国家亲权与自然亲权的斗争与合作"，载《私法研究》2011 年第 1 期。

〔6〕 张鸿巍："'国家亲权'法则的衍变及其发展"，载《青少年犯罪问题》2013 年第 5 期。

务；[1]英国国王的监护义务通过衡平法院履行，衡平法院享有的国家亲权管辖权包括亲权和准亲权；限制童工、推行义务教育、为学生提供膳食福利也是英国国家亲权的具体体现。[2]美国的国家亲权不仅表现在禁止童工、推行义务教育，还体现于老兵监护、公共监护、喘气服务等老年福利制度及对不特定公民的人身和财产权益的国家保护上。[3]英美法系国家大都将国家亲权理论作为其少年司法制度的理论根基，其中尤以少年司法制度的起源国——美国为代表。[4]同样，阿根廷的国家亲权不仅针对未成年人，还针对所有的弱者。[5]国家亲权尽管因时代有所别，因国家而不同，但其蕴含的基本精神是国家可代替父母维护儿童权益，甚至可超越自然父母的职责而对儿童承担权利和履行义务。

国家亲权是农村留守儿童社会保障法律制度的基础。国家亲权是指国家保障儿童等弱势群体的人身、财产、发展等权益的权利和义务。国家亲权的实质是国家替代父母承担保护和教育子女的权利和义务，而国家亲权的内涵则因社会的变迁而有所不同。古代社会的国家亲权与父母自然亲权基本一致。父母自然亲权主要是保障未成年子女的基本生活、教育子女、为子女生存和发展

---

〔1〕 转引自徐国栋："普通法中的国家亲权制度及其罗马法根源"，载《甘肃社会科学》2011年第1期。

〔2〕 徐国栋："普通法中的国家亲权制度及其罗马法根源"，载《甘肃社会科学》2011年第1期。

〔3〕 徐国栋："普通法中的国家亲权制度及其罗马法根源"，载《甘肃社会科学》2011年第1期。

〔4〕 姚建龙："国家亲权理论与少年司法——以美国少年司法为中心的研究"，载《法学杂志》2008年第3期。

〔5〕 徐国栋："普通法中的国家亲权制度及其罗马法根源"，载《甘肃社会科学》2011年第1期。

提供基本支持。相应地，古代社会的国家亲权也主要是代替父母监护子女、救助家庭贫困儿童、防止儿童遭受父母等的侵害；古希腊把儿童当作"人力资源"统一养育、培养和使用也符合古代社会"父母子女彼此互负抚养的义务"[1]的基本观念。现代社会的国家亲权则大大扩展了父母自然亲权的范围，使国家亲权跳出了自然家庭长幼关系的范围，走入"国家大家庭"的范畴。[2]相应地，现代社会的国家亲权也包括禁止童工、保障儿童的义务教育等。中国农村留守儿童是中国现代社会发展过程中的现象，国家也需基于现代理念对农村留守儿童承担相应责任，不仅应在父母缺位时保障农村留守儿童的基本生活、身心健康、照管、人身安全，还要维护农村留守儿童的受教育权。因而，为农村留守儿童建立现代社会保障法律制度符合法治理念，也是现代社会国家亲权的应有之义。政府不仅是简单地替代农村留守儿童的自然父母，还应当协助农村留守儿童家庭维护农村留守儿童的生存权和发展权；既把农村留守儿童看作自然家庭的成员，也要把农村留守儿童看作"国家大家庭"的组成部分。

三、儿童最大利益理论

儿童最大利益理论是关于儿童与其他社会主体关系的理论，它强调在处理儿童相关事务时应当优先考虑儿童的最大利益。该理论不仅在许多国家法律中有明确规定和具体体现，还被写进了国际条约。英国、澳大利亚、加拿大、美国等英美法系国家的许多法律中明确规定了"儿童最大利益原则"；虽然多数大陆法系

---

〔1〕 周枏：《罗马法原论》（上册），商务印书馆1994年版，第200页。
〔2〕 徐国栋："国家亲权与自然亲权的斗争与合作"，载《私法研究》2011年第1期。

国家的法律没有明确规定"儿童最大利益原则"，但有关子女监护权、亲权、父母照顾权、探视权的行使等的规定都体现了该理论。[1] 联合国《儿童权利宣言》的原则二规定："儿童应受到特别保护，并应通过法律和其他方法而获得各种机会与便利，使其能在健康而正常的状态和自由与尊严的条件下，得到身体、心智、道德、精神和社会等方面的发展。在为此目的而制定法律时，应以儿童的最大利益为首要考虑。"[2] 对缔约国有拘束力的联合国《儿童权利公约》第 3 条第 1 款则简洁而明确地规定："关于儿童的一切行为，不论是由公私社会福利机构、法院、行政当局或立法机构执行，均应以儿童的最大利益为一种首要考虑。"[3] 儿童最大利益理论体现了对相对于成年人而言的弱势群体——儿童的倾斜保护。

儿童最大利益理论是农村留守儿童社会保障法律制度的根基。如果说儿童是相对于成年人的弱势群体，农村儿童也是相对于城镇儿童的弱势群体，农村留守儿童更是相对于普通农村儿童的弱势群体。依此而言，适用于普通儿童的儿童最大利益理论更应体现于保障农村留守儿童生存和发展权的社会保障法律制度中。基于儿童最大利益理论，农村留守儿童社会保障法律制度可不同于普通社会保障制度。职工社会保障制度比较强调个人缴费与受益权的关联性，但父母外出务工、农村留守儿童无劳动收入的现实决定了政府应当承担农村留守儿童社会保障法律制度的主要资金筹措责任；经济发达地区的城乡居民社会保险较多地依赖

---

〔1〕 陈苇、谢宗杰："论'儿童最大利益优先原则'在我国的确立"，载《法商研究》2005 年第 5 期。

〔2〕《儿童权利宣言》（联合国大会 1959 年 11 月 20 日发布）。

〔3〕《儿童权利公约》（联合国大会 1989 年 11 月 20 日发布）。

地方财政支持，而农村留守儿童主要分布于经济发展水平相对较低的中西部地区，因而，中央政府需承担较高的农村留守儿童社会保障法律制度的资金负担比例。同样，在保障范围、保障内容、保障方式、支付方式等方面，农村留守儿童社会保障法律制度也应不同于其他社会保障制度。总之，为最大限度地保护农村留守儿童的利益，必要时应突破常规，构建特别的社会保障制度。

第三节　构建中国农村留守儿童社会保障法律制度的价值基础[1]

　　社会分工导致中国农村留守儿童问题。改革开放助推中国经济发展，耕、种、收等农业专业服务快速发展，工业和服务业的门类日益细化。农业分工解放了大量农村人口，工业和服务业的分工则产生了劳动力需求，农村剩余劳动力向工业、服务业转移，务工农民群体因而出现。频繁的工作流动、较低的劳动收入、二元的城乡户口和教育体制等因素使得许多务工农民被迫把未成年子女留在农村，父母无法按照传统方式与留守子女一起生活并提供全面的生活照顾、健康保障及教育引导，年事较高的祖父母（或外祖父母）或精力有限的近亲属或其他人成为众多农村留守儿童的照管人。于是，农村留守儿童的基本生活、照管、教育、健康及心理等问题相伴而生。中国经济领域的分工因为务工农民的参与而得以发展，但农村儿童养育保障分工中父母作用

---

　　〔1〕　此部分内容已发表于《华东理工大学学报（社会科学版）》2014年第1期，题目为"论作为农村留守儿童社会保障法价值的社会团结"。

的弱化却未能获得有效的填补，即，旧的分工被打破，而新的分工却未能及时建立。生存权保障分工的失范和失衡不仅影响农村留守儿童现在和未来与社会的合作，也影响儿童父母及其他相关亲人与社会的相融，社会团结弱化的风险日益凸显。此处拟探讨如何依托农村留守儿童社会保障法促进社会团结的问题。

一、作为农村留守儿童社会保障法价值目标的社会团结的类型

社会团结[1]是指构成社会的人、群体及组织之间的相互依存的关系和状态。作为系统的社会团结理论的提出者，涂尔干（Émile Durkheim）不仅论证了社会如何结合成整体的问题，还研究了法律与社会团结的关系。涂尔干强调："团结的作用不仅在于能够使普遍的、无定的个人系属于群体，它还能够使人们具体的行为相互一致。"[2]他认为，社会团结可分为机械团结和有机团结。其中，机械团结建立在个人相似性的基础上，集体人格完全吸收了个人人格；有机团结则建立在分工和个人相互差别的基础上，每个人都拥有自己的行动范围与独立的人格。[3]机械团结通过集体意识把个体连接在一起，任何触犯了强烈而又明确的集体意识的行为皆视为犯罪，因而，机械团结依靠作为压制法的刑事法来维护；以民法、商业法、诉讼法、行政法和宪法为代

---

[1]　社会团结一词的英语和法语表达分别是 solidarity 和 solidarité，在中国又被译为社会连带、社会关联等。

[2]　［法］埃米尔·涂尔干：《社会分工论》，渠东译，生活·读书·新知三联书店 2000 年版，第 68 页。

[3]　［法］埃米尔·涂尔干：《社会分工论》，渠东译，生活·读书·新知三联书店 2000 年版，第 91 页。

表的恢复性法是维护有机团结的主要手段。[1] 社会合作是社会存在的方式，社会团结则是社会合作的黏合剂。社会团结把不同信念、不同地位、不同能力的人组合在一起，为开展各种协作奠定了基础。规范性和稳定性使法律成为强化社会团结的重要手段，而且不同类型的法律重点维护的社会团结类型也不同。如果说社会合作依托于各类社会团结，则不同社会团结的稳固依赖于相应的法律制度。依此而言，所有法律安排都应以维护一定的社会团结为价值目标。只有如此，社会系统才具有可持续性，作为社会系统要素的人才能永远具有"社会性"。

作为生存权保障法，农村留守儿童社会保障法旨在改善农村留守儿童的生活质量，以维护农村留守儿童作为人应当具有的内在价值。而上述目的的实现过程也是推进农村剩余劳动力流向城镇、实现城乡相融的过程，即，农村留守儿童社会保障法具有促进社会和谐、实现社会整合的功能。而该功能就是在农村留守儿童社会保障法推进作为其价值的社会团结的过程中实现的。作为农村留守儿童社会保障法价值目标的社会团结可区分为家庭团结、国民团结、职业团结、社区团结、公益团结。尽管不同团结类型在农村留守儿童社会保障法中的地位不同，但它们既是农村留守儿童所处的社会网络的反映，也是农村留守儿童社会保障法调整的社会关系的体现。

家庭团结是指因婚姻、血缘、收养而形成的人与人之间的关联。家庭团结是农村留守儿童社会保障法中的主要社会团结类型。无论是已有的农村留守儿童社会保障制度，还是未来建构的

---

[1] [法] 埃米尔·涂尔干：《社会分工论》，渠东译，生活·读书·新知三联书店 2000 年版，第 32、42、70、73 页。

农村留守儿童社会保障制度都需要把家庭团结作为其首要基础。农村留守儿童社会保障法之中的家庭团结有三个特征：其一，婚姻、血缘、收养是家庭团结的物质基础。作为社会细胞的家庭，其形成的基础只有婚姻、血缘、收养三种因素，家庭成员之间的联系当然也以此为基石。少部分农村留守儿童家庭中存在收养关系，多数农村留守儿童家庭以婚姻、血缘作为维系纽带。其二，亲情是家庭团结的精神基础。家庭团结的亲情根源于婚姻、血缘、收养，形成于家庭成员的长期相处之中。婚姻、血缘、收养未必一定形成良好的亲情关系，亲情还受制于家庭成员的相处时间长短、性格差异度等因素。缺少亲情的婚姻、血缘、收养关系无法为农村留守儿童的生存权提供保障，即，亲情残缺的家庭团结是一种弱团结，并不能成为农村留守儿童社会保障制度的牢固基础。其三，农村留守儿童社会保障法中的家庭团结具有主导性。虽然国民团结是农村留守儿童社会保障法的"公共属性"的标志，但国民团结功能的实现必须借助于家庭团结。作为一种特殊儿童的社会保障制度，农村留守儿童社会保障制度是一种家庭团结与国民团结共同支撑下的社会保障制度。

国民团结是基于国家强制力而在不同国民之间形成的关联。作为农村留守儿童社会保障制度的基础，国民团结具有覆盖面广和强制性的特点。[1] 首先，国民团结是能够覆盖全体国民的社会团结类型。同一国籍下的社会成员都是国民团结的涵盖范围。相同国籍不仅意味着经济与社会关联性，也意味着同样的民族认同感、相近的文化认可度，即，共同的国民感情。物质与精神的

---

[1] 董溯战："论作为社会保障法基础的社会连带"，载《现代法学》2007 年第 1 期。

高度相关性是国民团结的基础。农村留守儿童社会保障制度中的"国家因素"就是国民团结的体现，反过来，国民团结的强化也有赖于农村留守儿童社会保障制度。其次，国民团结以国家强制性为基础。作为农村留守儿童社会保障法强制性特征的渊源，国民团结的维系不仅依托客观存在的物质与精神关联，还离不开政权的强制力。国民团结的强制性表现为农村留守儿童社会保障制度中的财政资金支持、政府监管及相关义务主体行为的不可选择性。从形式上看，国民连带的强制性源自国家机器的固有特征，它实质上是国民认同感达到一个高度的表现。建立于国民团结基础之上的农村留守儿童社会保障制度有助于强化国民认同感。对于作为受益人的农村留守儿童而言，体现横向关联的家庭团结是一种自主性团结，而体现纵向关联的国民团结则是一种强制性团结。

职业团结是因工作关系而在人与人之间形成的关联。职业团结是构建农村留守儿童社会保障法的缘起。农村留守儿童社会保障法中的职业团结主要是指留守儿童父母因工作而与相关单位和个人形成的关联。由于其内涵丰富，因而还可细分为多类次级职业团结：一是农村留守儿童父母与单位间的职业团结。农村留守儿童父母为单位提供劳动，单位则为其提供工资、福利等待遇，承担社会保险费和住房公积金的缴纳责任，并负有人身安全保障义务。同时，单位还通过文化娱乐等活动强化同职工之间的精神融合。物质与精神的结合在农村留守儿童父母与单位间形成了相互依存相互制约的关系，而这种关系是职业团结的基础。由于农村留守儿童父母与单位之间的关联建立于相互承担义务、相互享有权利的基础上，该类团结可称为逆向社会团结。二是农村留守儿童父母与职工间的职业团结。农村留守儿童父母与职工同为劳动者，相互之间不仅有工作上的配合关系，还因社会保险、住房公积金等社会保障制度安排而形成利益连带。当然，职工之间的关联还体现在为争取共同权利而建立的合作中，特别是联合起来与用人单位、政府的谈判、交涉之中。由于农村留守儿童父母与职工间以同类、相似的权益为合作基础，该类团结可称为同向社会团结。三是农村留守儿童父母与其他单位及其职工间的职业团结。因为同类产业间、不同产业间存在业务、技术、人员等方面的交流与合作，因此，各单位及其职工间也存在或疏或密的关联。尽管农村留守儿童父母与其他单位及其职工间的职业团结不如农村留守儿童父母与本单位及其职工间的职业团结那么紧密、牢固，但仍是职业团结链条中不可或缺的一环。

社区团结是农村留守儿童及父母与其所在社区间形成的关联。社区团结至少可分为两类：一方面，社区团结首先是指农村留守儿童及父母与原生活社区间的关联。原生活社区一般也是农村留守儿童的主要生活地点，就是中国制度语境下的自然村和行政村。由于地域、宗族、历史等因素，作为自治管理的行政村及其所属的自然村与农村留守儿童及其父母间存在着千丝万缕的联系，农村留守儿童及其父母与原生活社区间的关联也是农村留守儿童与父母、受托照顾人间的关联之外影响农村留守儿童生存权的最重要的社会团结形式。另一方面，社区团结还包括农村留守儿童父母与其工作所在地社区的关联。尽管这种关联对农村留守儿童生存权保障的作用比较弱，但其毕竟影响着农村留守儿童父母的物质与精神生活状态，进而间接地影响着农村留守儿童的生存权。同时，农村留守儿童的生存状况起码会在精神层面影响其父母与工作地社区的融合度。

公益团结则是公益援助者与受益者之间形成的关联。农村留守儿童社会保障制度中的公益团结主要是各类组织、个人因参与保障农村留守儿童生存权的慈善活动而形成的社会关联。公益团结中的组织与个人可分为两类：一是专门从事儿童照管事务的组织与个人，包括学校、儿童照管机构、受托从事照管服务的家庭和个人。二是参与各类慈善事务的组织与个人。上述各类组织、个人与农村留守儿童及其家庭成员之间形成的关联是农村留守儿童社会保障制度的基础。

二、农村留守儿童社会保障法对社会团结理念的强化

农村留守儿童社会保障法的制度安排比较好地体现了合作共济观与社会权理念，而合作共济观强调的是横向团结精神，社会权理念强调的是纵向团结精神。农村留守儿童社会保障法有助于宣示和强化社会团结理念。

农村留守儿童社会保障法有助于凸显合作共济观。农村留守儿童社会保障法中的基本生活保障制度、照管保障制度、教育保障制度、健康保障制度的设计与实施需要建立于多方主体平等自愿的基础之上。这些制度涉及农村留守儿童的父母、近亲属、学校、社会公众、社会福利机构、企业等。不论提供经济援助、公共服务，还是私人照顾，农村留守儿童生存权的实现过程就是合作共济观彰显与强化的过程。合作共济观源于人们之间的相互依赖，而依赖源于生存需要。人们之间的需要分为两类：一为相同或相似的需要，二为不同的需要。拥有相同或相似需要的人们之间不仅存在直接竞争关系，也有同向合作关系；拥有不同需要的人们之间既有间接竞争关系，也有相向合作关系。不论是同向合作，还是相向合作，都会在人们之间形成依存关系；竞争不仅在人们之间产生制约，更会带来创新激励，而创新是社会进步的源泉。简言之，合作共济观形成于合作与竞争中。社会分工导致农村留守儿童问题，而社会分工也意味着社会合作与社会竞争。农村留守儿童社会保障制度保障农村留守儿童生存权就是维护社会分工，也是维护人们之间的合作与竞争，即，农村留守儿童社会保障法促进合作与竞争的同时强化了合作共济观。"人们相互有连带关系，即他们有共同需要，只能共同地加以满足；他们有不同的才能和需要，只有通过相互服务才能使自己得到满足。"〔1〕正是在狄骥（Léon Duguit）所言的满足需要的过程中，合作共济观逐渐得以强化。农村留守儿童社会保障法所强化的合作公济观体现了"尊重生命"的观念，主张对人类共同体中的弱者给予关照，保障其享有同类生命应有的尊严。也就是说，"永远把人类（无论是你自身还是他人）当作一种目的而绝不仅仅是一种手段来对待。"〔2〕为此，各类义务主体有责任协助农村留守儿童得到人应当享有的最低生存条件。

　　社会权理念的认可度也可借助农村留守儿童社会保障法而得以提升。自由权指的是不依赖政府援助而实现的权利，与自由权相对的社会权则是指在政府协助下才能实现的权利。社会权要求政府通过积极行动推进公众利益，"就是个人要求国家加以积极所为的权利，这类权利主要是指各种社会福利权利或各种受益权利，如公民的工作权、受教育权、社会救济权、保健权、休假权、娱乐权，等等。"〔3〕或者说，"国家不能像自由资本主义时期一样，放任自由自治的私人权利在竞争的市场上互相冲撞，而应该从实现个人利益与社会利益协调的角度有所作为，为社会弱

　　〔1〕　沈宗灵：《现代西方法理学》，北京大学出版社 1992 年版，第 252 页。
　　〔2〕　〔英〕A. J. M. 米尔恩：《人的权利与人的多样性——人权哲学》，夏勇、张志铭译，中国大百科全书出版社 1995 年版，第 102 页。
　　〔3〕　俞可平：《社群主义》，中国社会科学出版社 1998 年版，第 82~83 页。

者提供实现权利的必要条件。"因此，社会权首先是社会弱者针对国家提出的请求帮助权。[1]农村留守儿童社会保障权不仅是农村留守儿童社会保障法中的基本权利，而且也是一种社会权。毕竟，该权利是政府积极参与下形成的权利。政府既承担着制度的设计和资金供给责任，还负责相关事务的经办和监督。农村留守儿童社会保障法的属性决定了政府作用的基础性。没有政府，农村留守儿童社会保障法根本无法建立。农村留守儿童社会保障法中社会权理念就体现为政府等公共机构在农村留守儿童生存权保障中的不可或缺性。农村留守儿童社会保障制度的构建与实施过程是政府地位彰显的过程，也是社会权理念逐渐得到认可和强化的过程。

与社会权理念相比，合作共济观更具有基础性，社会权理念是合作共济观的升华，二者共同体现了农村留守儿童社会保障法中的社会团结理念。

三、农村留守儿童社会保障法对社会团结的促进

农村留守儿童社会保障法通过维护不同社会主体之间的关联性强化各类社会团结。法律能够为各种社会协作提供支持。法律应当"预先确立相互协作的方式"，否则，每次协作都要经历复杂的谈判，而过于复杂的协商会使合作最终无法达成，团结无法实现。[2]法律就是利用公共强制力迫使各类社会主体遵循社会合作的方式。农村留守儿童问题的实质正是在于部分需要承担义务的主体没有动力或不知如何承担责任，甚至权利主体也不知如

---

〔1〕 董保华等：《社会法原论》，中国政法大学出版社 2001 年版，第 177 页。
〔2〕 [法] 埃米尔·涂尔干：《社会分工论》，渠东译，生活·读书·新知三联书店 2000 年版，第 325 页。

何救济。通过构建农村留守儿童社会保障法，不仅可以明确责任主体，厘清责任界限，还可限制权利主体行使不当选择权，强制义务主体履行职责。倘若没有法律，"各种功能就不能合理地和和谐地发挥作用。"[1]农村留守儿童社会保障法可通过相关制度安排把社会分工产生的社会合作方式相对地固定下来，以降低合作成本，扩展合作的广度和深度，社会团结不能和社会团结松散的风险也因而会大大降低。

（一）对国民团结的促进

强化国民团结是农村留守儿童社会保障法的基本目标。农村留守儿童社会保障法本质上就是政府为保障农村留守儿童生存权而构筑的规则体。国家的意志与责任是制度安排的基础，各类制度设计均具有促进国民团结的作用。无论是基本生活保障制度、照管保障制度、教育保障制度，还是健康保障制度，皆依托政府的制度构筑责任、财政责任和实施责任，突出国民团结。

政府的制度构筑责任有助于强化国民团结。基于法律和政策的农村留守儿童社会保障制度主要采用社会救助、社会福利、社会保险形式保障农村留守儿童的生存权。法律与政策的设计过程就是国民互动过程。借助制度变革，国民会就农村留守儿童生存权保障问题达成更多共识。尽管国民意志在同一问题上常呈现出多元性特征，但作为"观点分歧"对立面的"意见统一"则意味着部分国民意志的高度融合。不过，关于农村留守儿童社会保障制度问题的争论，国民之间很难取得绝对一致，通常的结果是

---

〔1〕　［法］埃米尔·涂尔干：《社会分工论》，渠东译，生活·读书·新知三联书店2000年版，第327页。

"交叉一致"[1]。如果存在广泛的"交叉一致",即使在同意与反对制度变革的国民之间也不易形成分裂,而仍然会存在较多合作。综上,政府引导农村留守儿童制度变革的过程就是国民之间团结度增强的过程。

政府的财政责任也有助于强化国民团结。除了健康保障中的医疗保障可采用社会保险形式外,农村留守儿童的基本生活保障、照管保障和教育保障只能采用社会救助与社会福利形式。社会救助与社会福利不能向受益人及其家属收缴费用,政府是费用的主要承担者,组织与个人捐助只能作为补充。现有的普遍适用于农村留守儿童的新农合制度及个别地方专门为儿童建立的新农合制度[2]都把政府设定为保险金的主要缴纳者,儿童家庭仅需承担较少费用。也就是说,农村留守儿童社会保障法的资金主要源于政府,而政府财政源于国民。因此,农村留守儿童社会保障制度通过经费制度间接地把国民结合在了一起。特别是建立于国民充分同意基础之上的农村留守儿童社会保障资金筹集制度必然推动国民意志的深度结合。

政府的制度实施责任也有助于强化国民团结。农村留守儿童社会保障制度的落实需要政府投入大量人力与财力资源。不管是民政、教育、卫生、财政等制度落实机构,还是审计、监察等制度监管机构,都既受制于所属政府部门,也要体现国民的利益与要求。国民不仅可通过代议制度把有关农村留守儿童社会保障制

---

〔1〕 关于"交叉一致"的内涵,可依照下列方式说明:假设甲、乙、丙三人参与讨论一个环境问题,而该环境问题包括a、b、c三个小问题。结果甲、乙就a问题取得了一致;乙、丙就b问题取得了一致;甲、丙就c问题取得了一致。这种状况可称为三个人就上述环境问题取得了"交叉一致"。

〔2〕 如《大连高新技术产业园区中小学生及儿童新型农村合作医疗制度试行办法》(大高管发〔2010〕90号)。

度的观念传达于政府，还可借助现代舆论媒介表达自己的观点。
农村留守儿童社会保障制度实施的过程就是国民意志依托政府逐
渐集中与整合的过程。由于农村留守儿童社会保障制度不仅可以
维护儿童生存权，还可促进中国社会经济转型，因而，只要规范
实施，就能赢得较多国民的支持，并成为凝聚国民力量的制度载
体，国民间的协同性也会逐渐提升。

（二）对家庭团结的促进

各类农村留守儿童社会保障法律制度都有助于促进家庭团
结。农村留守儿童社会保障法的支撑性主体是国家和家庭。家庭
成员的责任设定决定了制度维护私人利益的目的性，而政府的义
务安排则是该制度具有社会保障属性的决定性条件。但无论政府
依照法律制度提供何种形式的援助，只有获得农村留守儿童家庭
的协助，才能够有效实施。在基本生活保障与照管保障领域，政
府主要在物质上提供保障，家庭则是主要的实施者；在教育和健
康保障制度中，虽然家庭成员参与的程度较低，但其仍然是主要
的协作者。在政府参与度较低的私法制度中，家庭成员是农村留
守儿童生存保障责任的主要承担者；而更多体现公共意志的农村
留守儿童社会保障法中，家庭成员的责任并没有因政府的较多参
与而降低。所不同的是，在私法中，家庭成员保障农村留守儿童
生存权的责任主要依托于抽象性规范；而在社会保障法中，家庭
成员保障农村留守儿童生存权的责任则主要依托于具体性规范。
相应地，私法强化家庭团结的方式比较隐性化，而农村留守儿童
社会保障法强化家庭团结的方式比较显性化。

（三）对职业团结的促进

强化职业团结也是农村留守儿童社会保障法的目的。农村留
守儿童问题既是中国现代产业分工深化的结果，也是传统农村留

守儿童生存保障分工被打破的表现。农村留守儿童社会保障法则通过调整和构建农村留守儿童生存保障制度而因应现代产业分工的发展。一方面，法律制度弱化了农村留守儿童对父母的物质依赖。无论是基本生活保障制度、照管保障制度、教育保障制度，还是健康保障制度，都把农村留守儿童生存保障的物质来源从家庭扩展到了整个社会，特别是强化了政府的物质保障责任。父母不再是农村留守儿童唯一的生存物质供应者。农村留守儿童父母因而可以拥有更多的收入积累，工作的稳定性也得以强化。另一方面，农村留守儿童与父母间的心理联系也得以强化。物质条件的改善不仅减轻了父母的经济负担，也有助于改进父母与留守儿童间的沟通与交流，甚至也可增加共同生活的机会。父母对农村留守儿童的精神牵挂也因而弱化。综上，物质条件与心理状态的变化有助于改善留守儿童父母工作地的生存条件及其对工作的态度，强化其工作认可度，提高其工作适应性。农村留守儿童父母与工作单位、职工之间的关联更具有稳定性，与其他单位及其职工的联系也更为频繁，即，农村留守儿童社会保障法不仅是农村留守儿童生存权保障的依据，也可促进农村留守儿童父母的职业团结。

（四）对社区团结的促进

农村留守儿童社会保障法也有助于强化社区团结。农村留守儿童社会保障制度的实施依赖于留守儿童所在社区。首先，法律应当设定农村留守儿童所在社区的制度实施责任。相较于县、乡级政府，农村留守儿童所在社区更为接近留守儿童，因此，政府可委托农村留守儿童所在行政村发放留守儿童基本生活补贴、协助农村留守儿童父母选择照管家庭或照管机构等相关事务。其次，法律也应当设定农村留守儿童所在社区的制度监督责任。相对于政府机构,农村社区的地理与人情优势就是信息与成本优势,社区受政府委托对农村留守儿童社会保障事务实施监管就更具合理性。尽管农村留守儿童所在社区机构不是政府组成部分,而只是村民自治组织,但其仍然可接受作为公共机构的政府的委托承担公共管理职责。这不仅符合治理理论与现代市民社会理论所主张的弱化政府职能、扩大民间参与的理念,也意味着基层社区组织深度融入农村留守儿童社会保障事务。无论是农村留守儿童社会保障法中的社区实施责任,还是社区监管责任,都强化了作为社区成员的农村留守儿童及其父母与社区之间的关联。

(五)对公益团结的促进

农村留守儿童社会保障法既得益于公益团结,也是强化公益团结的规则体。虽然参与公益事务的各类组织和个人不是农村留守儿童生存权保障责任的主要承担者,却是农村留守儿童生存权的重要维护者。制度安排当然也必须为各类公益组织和个人参与农村留守儿童生存权保障提供激励。不论是给予参与慈善事务的组织或个人以税收优惠、财政补贴等经济援助,还是给予社会表彰等精神奖励,都有助于凝聚更多的组织和个人。从企业、个人、慈善机构的爱心捐助,到学校、福利机构、照管家庭的温暖照料,都依托于法律制度的规范。法律制度正是在引导各类组织、个人的参与中强化了主体间的认知度、和谐度与合作精神。

四、农村留守儿童社会保障法的转型与社会团结结构的变迁

相异社会团结的有机组合形成特定的社会团结结构。为应对农村留守儿童问题,农村留守儿童社会保障法不可避免地要进行制度调整。而这种制度转型已经或将要在至少三个方面推进社会团结结构的变迁。

第一,义务承担由突出父母责任向依赖社会作用发展,社会团结由一元主导向多元演变。父母的突出地位决定了家庭团结的主导性。传统法律制度把家庭作为农村留守儿童生存权保障的主要义务主体，政府、各类公私机构及个人居于次要地位。虽然依照现有的生活救助制度、教育扶持制度、医疗保障制度等，农村留守儿童有机会获得来自公共财政的生活援助、教育资助和医疗补助，亲属、学校及其他社会机构提供的生活照顾也可惠及农村留守儿童，但父母始终是农村留守儿童生活保障、教育保障与健康保障资金的主要提供者，照顾保障的实现也主要是因为父母能够承担相关服务费用，即，父母主导下的家庭是农村留守儿童生存权的物质保障与精神依托。外出务工的确弱化了农村留守儿童与父母间的传统联系，却并不必然淡化农村留守儿童与父母间的关联。分离不仅可使双方之间的精神依赖更为浓烈，缘于外出务工的经济条件改善也可增强农村留守儿童与父母间的生存关联。但无论农村留守儿童与父母间的关联变强还是变弱，父母仍是所有以农村留守儿童为结点的社会团结网中最强有力的关联方。农村留守儿童与学校、社会机构及其他亲属的关联虽不断增强，但相对于家庭团结，国民团结、职业团结、社区团结和公益团结仍居于从属地位。

各类社会主体的深度参与孕育了社会团结的多元结构。农村留守儿童问题的实质是农村留守儿童的生存权保障问题，但也会影响中国经济转型，因而，解决农村留守儿童问题不但变成了社会的共识，也成为制度变革的引擎。不仅政府要逐步承担起细化和改进现有制度的职责，财政投入也需日益增加；同时，教育机构、卫生保健机构、公益机构、社区、留守儿童亲属等也应在政府的鼓励与支持下积极参与农村留守儿童社会保障制度。不但政府正在成为仅次于父母的留守儿童生存权保障者，各类公私机构及个人的农村留守儿童生存保障责任也逐渐增强。这样一来，农村留守儿童社会保障法不仅应成为巩固农村留守儿童与父母等家庭成员之间关联的载体，也有望成为促进农村留守儿童与个人、社会组织之间关联的依托。家庭团结固然会有所强化，但留守儿童与全体国民、照管机构、教育机构、生活社区及亲属间的关联也将得到凸显。虽然未来的制度必将使家庭团结与国民团结成为主要的社会团结类型，但职业团结、社区团结与公益团结的地位也必定不可忽略。留守儿童社会保障法律制度将逐步推动社会团结多元化，而多元化的社会团结也将有利于制度的稳固。

第二，保障方式由任意转向强制，国民团结由附属变为主导。传统农村留守儿童社会保障制度具有依赖于家庭团结的任意性特征。现有法律与政策倾向于由作为主要责任主体的父母自主决定农村留守儿童生存权保障的方式与途径。然而，父母的选择并非必然有利于农村留守儿童。弱者的选择往往是建立于被迫基础之上的。基于眼前利益和自己的特殊经历，作为弱者的父母可能会选择有悖于农村留守儿童长远利益的路径。尽管父母保障适龄儿童接受义务教育的责任早在 1986 年就被写入《义务教育法》，但至今仍无法有效强制实施。究其原因，一方面，2006 年之前的二十年中，义务教育的政府财政责任始终无法得到落实，经济困境迫使不少父母放弃子女入学的机会；另一方面，政府也缺少限制父母选择的有效制度安排。同样，基本生活保障、照管保障及健康保障的资金责任也主要由父母承担，父母当然也有权决定这些保障制度是否实施及如何实施。既然没有承担有效的资金保障义务，政府也不宜过多干预父母的选择，农村留守儿童生存权保障领域的强制性特征因而未能充分展示。简言之，在农村留守儿童生存权保障领域，国民之间的关联仍然远远弱于留守儿童家庭成员之间的关联，家庭团结的主导地位始终未被国民团结打破。

　　未来的农村留守儿童社会保障制度会呈现出倚重于国民团结的强制性特点。从基本生活保障到照管保障、教育保障和健康保障，只有增加政府的财政投入，合理限制父母的选择，农村留守儿童的生存权才能得到维护。前已述及，父母的弱势经济地位是农村留守儿童问题的根源，也是政府不宜严格限制留守儿童父母选择权的原因。只有消除或削弱经济困境带来的影响，才能引导父母做出有利于农村留守儿童生存权保障的行为选择。改进制度安排，增加财政援助，适当限制父母选择权，是解决农村留守儿童问题的基本路径。当然，财政支持与选择限制必须以制度变革为依托，制度变革又需以法律创新为先导。规则制定与实施的过程就是政府与家庭主导下的各类主体走向理解、合作的过程。作为"有形之手"的各类国家机构把国民意志与国民财富汇集到农村留守儿童社会保障制度之中，农村留守儿童生存权保障问题就成为团结全体国民的制度之因。尽管不能说国民团结取代了家庭团结的地位，但国民团结也不再是隐藏于家庭团结之后的陪衬性的社会团结。国民团结与家庭团结构成了作为农村留守儿童社会保障制度基础的社会团结的主体之一。

　　第三，制度安排由抽象走向具体，社会团结由多变趋向稳定。现有农村留守儿童社会保障制度的抽象性决定了社会团结的多变性。这种状况表现于农村留守儿童社会保障的各大制度中：一是照管保障制度。《民法总则》中的监护制度为父母履行农村留守儿童照管责任提供了依据，但却无法规范父母委托的其他个人与组织实施的农村留守儿童照管保障行为。法律的缺漏导致父母之外的家庭和机构无法有效参与农村留守儿童的照管，作为家庭照管和机构照管基础的公益团结的功能也处于不确定之中。二是教育保障制度。《义务教育法》等为农村留守儿童享有九年制义务教育提供了初步保障，却没有制约父母或其他照管人承担入学保障责任的有效规则。公共教育保障法的规则缺失不仅弱化了政府的教育保障责任，也限制了社区承担协助农村留守儿童接受公共教育的机会，国民团结和社区团结的地位无法凸显。三是健康保障。虽然新农合制度和农村医疗救助制度可为农村留守儿童提供一定的健康保障，但前者侧重于普通疾病和住院保障，后者保障程度偏低，即，缺乏专门针对农村留守儿童医疗保障的系统性制度安排。[1]现有制度安排限制了政府、社会团体与个人参与农村留守儿童健康保障制度的空间，国民团结与公益团结的作用受到了拘束。四是基本生活保障。由于农村留守儿童基本生活保障法律制度尚未建立，所以，该制度所依托的各类社会团结也只能依赖于稳定性不高的政策。综上，除了家庭团结外，其他社会团结作用于农村留守儿童基本生活保障领域的空间并不明朗。

农村留守儿童社会保障制度的具体化必然导致社会团结的稳定化。农村留守儿童问题的迫切性要求尽快完善农村留守儿童社会保障制度。而制度的完善首先意味着制度由抽象走向具体。在相关制度由纲领性规定变为可操作性行为规则时，农村留守儿童与各相关主体间的权利义务必须明确化。制度的明确化主要依托于法制化，而法制化则意味着权利义务的规范性和可诉性。规范性与可诉性不仅要求农村留守儿童与父母间的关系比较明晰，更意味着政府、社会机构、个人与农村留守儿童之间的权利、义务具有可实施性。制度的具体化意味着父母处置农村留守儿童事务

---

　[1]　一些地方制定了专门针对儿童的医疗保障制度，如《河南省提高农村儿童重大疾病医疗保障水平试点工作实施方案》（豫卫农卫［2011］4号）。

随意性的受限、政府责任的明确化和广泛化、农村留守儿童父母外出务工的日益正常化、社区义务的强化、农村留守儿童事务社会化程度的提高，而这些变化将促使家庭团结、国民团结、职业团结、社区团结与公益团结功能的强化和地位的提升。

第三章

主要中国农村留守儿童社会
保障法律制度

第一节　中国农村留守儿童基本生活保障法律制度

父母长期外出务工必然对农村留守儿童的基本生活造成诸多不良影响。物质援助并不能完全弥补农村留守儿童的物质和精神缺失，但可减轻家庭负担，鼓励农村留守儿童父母积极工作，激励照管者做好照管服务，改善农村留守儿童的生活条件。

一、农村留守儿童基本生活保障法律制度的界定

农村留守儿童基本生活保障法律制度是政府依法强制建立的保障农村留守儿童基本生活的社会保障制度。《儿童权利公约》不仅明确了儿童享有的基本生活保障权及其内容，而且要求缔约国政府协助父母或养育人保障该权利的实现，即，"每个儿童均有权享有足以促进其生理、心理、精神、道德和社会发展的生活水平"；"缔约国按照本国条件并在其能力范围内，应采取适当措施帮助父母或其他负责照顾儿童的人实现此项权利，并在需要

时提供物质援助和支助方案，特别是在营养、衣着和住房方面。"[1]作为缔约国，中国有义务落实《儿童权利公约》的精神，使包括农村留守儿童在内的各类儿童享有基本生活保障权。但仅仅依照《儿童权利公约》的前述规定无法确定"基本生活保障"意味着农村留守儿童等各类儿童的生活质量达到何种具体标准。不过，从理论上讲，农村留守儿童应当享有的生活质量包括三个层次，即最低水准、中等水准、较高水准。其中，最低水准是指农村留守儿童的衣、食、住等方面的条件达到作为人应当享有的标准，而不是仅达到非人动物的标准；中等水准是指农村留守儿童的衣、食、住等方面的条件达到当地平均生活水平的标准；较高水准是指农村留守儿童的衣、食、住等方面的条件达到高于当地平均生活水平的标准。较高水准的生活能够让农村留守儿童的生活质量达到比较高的层次，但明显与"基本生活保障"制度的定位不一致；而最低水准的生活仅能满足农村留守儿童最基础的生存需求，无法为农村留守儿童的成长和发展提供有效支撑。因此，农村留守儿童的"基本生活保障"的制度目标应当是前述第二个层次的水准，即中等水准。实践中，中国民政部门也把"基本生活保障"的目标层次界定为"平均生活水平"。民政部、财政部《关于发放孤儿基本生活费的通知》（民发〔2010〕161号）规定："按照保障孤儿的基本生活不低于当地平均生活水平的原则，合理确定孤儿基本生活最低养育标准。"民政部《关于开展适度普惠型儿童福利制度建设试点工作的通知》对试点中的适度普惠型儿童福利制度的基本生活制度规定的实施标准是："参照孤儿基本生活保障制度，建立困境儿童基本生活

---

〔1〕《儿童权利公约》（联合国大会1989年11月20日发布），第27条。

保障制度。"因此，农村留守儿童基本生活保障法律制度也应让农村留守儿童的生活达到所在地的平均水平。

根据保障方式的不同，农村留守儿童基本生活保障法律制度可分为社会救助、社会保险和社会福利三种类型。社会救助法律制度是一种生计调查型社会保障制度，生活水准低于一定标准的农村留守儿童才能获得资助，且待遇比较低。社会保险法律制度意味着家庭和政府都应承担部分费用，家庭支出和农村留守儿童获得的收益存在一定的正相关性。社会福利法律制度意味着全国或同一地区的所有农村留守儿童都能获得相同的待遇，且经济发展较好时政府才易于提供此类保障。由于农村留守儿童父母工作的地点和时间具有比较强的变动性，农村留守儿童家庭收入普遍不稳定，农村留守儿童身份存续时间不容易预期，家庭缴费的激励不足，资金筹集比较困难，因此，不易构建农村留守儿童最低生活社会保险制度。但经济条件较好的家庭可以购买商业保险，如果政府给予相应的补贴，则这种制度安排就具有准社会保险属性。鉴于此，应着重依靠社会救助制度和社会福利制度保障农村留守儿童的基本生活。

最低生活保障制度和生活补贴制度是保障农村留守儿童基本生活的主要制度形式。最低生活保障法律制度是一种社会救助制度，旨在保障农村留守儿童享有人道主义价值所要求的最低水准的生活。根据规定，[1] 如果家庭成员人均收入低于当地低保标准，且家庭财产状况符合当地人民政府规定的条件，农村留守儿童及其家庭成员就可申请最低生活保障救助。农村留守儿童最低生活保障法律制度是农村最低生活保障法律制度的一部分，虽然

---

〔1〕《最低生活保障审核审批办法（试行）》（民发〔2012〕220号），第4条。

法定化程度较低，实施效果有待提高，但制度框架已经基本成型。不过，只有部分农村留守儿童有机会申请该项待遇，而且按照申请人家庭年人均纯收入与保障标准的差额发放或按照家庭的困难程度分档发放，因此，家庭收入不同的农村留守儿童领取的低保金也不同。生活补贴法律制度则是社会福利制度，目的在于保障农村留守儿童享有人道主义价值所要求的适度和较高层次生活。收入高低不是该制度适用的决定性因素，只要符合设定的身份条件，就能一致性地享受该待遇。根据父母外出务工时间的长短，生活补贴制度的待遇也可分为多个等级。尽管两种制度的待遇都有差异性，但造成差别的原因不同：最低生活保障制度待遇的差别缘于家庭收入的差异，而生活补贴制度待遇的差别则主要缘于父母对社会做出贡献的不同，而非收入差别。

二、农村留守儿童最低生活保障法律制度

主要法律的缺位影响农村留守儿童家庭最低生活保障权的实现，应当及早制定规范最低生活保障制度的《社会救助法》和规范儿童最低生活保障制度的《儿童救助法》，明确农村留守儿童家庭最低生活保障的资金责任制度、申请协助制度、监督制度等

（一）资金责任制度

户籍地政府应依法承担农村留守儿童家庭最低生活保障的主要资金责任。户籍地政府比务工地政府更适于直接承担资金责任。务工农民对务工地的贡献未必小于户籍地，因而，务工地政府与户籍地政府按照受益程度分别承担农村留守儿童最低生活保障资金责任具有一定的合理性。然而，让务工农民户籍地政府承担资金责任更合适。首先，户籍地政府比务工地政府更易获取农村留守儿童及其家庭的基本信息。农村留守儿童家庭获得最低生

活保障待遇需满足两个条件：家庭年人均纯收入低于最低生活保障标准；家庭财产状况符合当地人民政府的规定。[1] 为此，必须对农村留守儿童家庭的财产和收入进行调查。一方面，来自于务工地的收入信息比存在于户籍地的财产信息更容易获取。农村留守儿童家庭的收入主要来自务工地，且收入来源相对单一，现代城镇用人单位也多有较为规范的财务会计记录，相关信息容易获取；农村留守儿童家庭长期积累的财产则主要存在于户籍地，而家庭财产类型多样，价值各异，相关信息不易准确获取。另一方面，户籍地信息比务工地信息更难被外部主体获取。农村留守儿童家庭的财产和收入既有存在于户籍地的也有来自于务工地的，准确的财产和收入信息的获取需要户籍地和务工地相关部门、组织的配合。由于更多地受到农业社会和宗族社区传统的影响，农村留守儿童户籍地有其特殊的沟通、交流方式，表现为较强的内部人保护意识，不利于外部主体准确、全面地获取内部人信息。由于更多地受到商业社会和偶聚社区[2]观念的影响，农村留守儿童父母务工地有较为自信、开放的沟通、交流方式，对外来主体合理获取内部人信息行为的抵触性较弱。因此，在需要对方协助获取信息的情况下，户籍地比务工地更易准确地获取信息。其次，农村留守儿童最低生活保障制度所需资金比较有限。这不仅因为最低生活保障制度的保障程度低，而且也因为务工农民外出务工往往能够改善家庭收入，以至于生活水准和条件低于户籍地最低生活保障标准的农村留守儿童家庭比较少。

---

　　[1]《最低生活保障审核审批办法（试行）》（民发〔2012〕220号），第4条。
　　[2] 本书提出的"偶聚社区"，意在与"宗族社区"相对应，是指现代城镇人口缺少农村人口依族群长期居于一地的特点，而是随现代产业的流动、变迁而不经意间居于一地，即，偶然性地聚住在一起。

中央政府应当依法承担农村留守儿童家庭最低生活保障的部分资金责任。基于务工农民对中国社会转型的贡献及诸多务工农民户籍地政府财力的有限性,中央政府也应对财政困难的务工农民户籍地政府提供适当补助。

(二) 申请协助制度

依法确立村民委员会的最低生活保障申请协助义务。依照现行法律,申请低保应由户主或户主的代理人提出;受申请人委托,村民委员会可以代其向户籍所在地乡镇人民政府提交低保书面申请及其相关材料。[1]农村留守儿童的父亲或母亲常常是家庭的户主,如果农村留守儿童的父母双方皆外出,或单亲家庭的父亲或母亲外出,则只能委托其他人申请低保。一旦农村留守儿童父母不能或者不愿委托近亲属或其他人申请,则可委托村民委员会申请。不过,前述法律规定村民委员会"可以"代其提交申请,而非"必须"代其提交申请。尽管村民委员会一般会帮助委托人提交申请,但一些村民委员会也可能基于法律的"授权"性规定而非"强制"性规定而拒绝提供申请帮助。若如此,农村留守儿童家庭的低保申请权将难以行使,从而影响低保待遇的获取。为防止该情形出现,应改进现有法律规定。首先,应明确规定村委会通知农村留守儿童家庭申请低保的义务。毕竟,村民委员会是服务于村民的自治机构,有责任帮助确实存在困难的最低生活保障申请人。当然,应合理界定农村留守儿童家庭和村委会的责任界限,明确村委会的免责事由。例如,联系方式变更后,农村留守儿童家庭应及时告知,否则,村委会不承担通知失败的责任。其次,应明确村民委员会有代为提交申请的强制性义

---

〔1〕《最低生活保障审核审批办法(试行)》(民发〔2012〕220号),第9条。

务。为防止村民逃避自己的责任，无故委托，增加村民委员会的工作压力，法律应明确村委会必须接受委托的条件。例如，如果农村留守儿童父母在户籍所在地的同一行政村有 65 岁以下的成年近亲属，且身体符合办理低保申请相关事项的条件，则村委会不承担上述义务。只有如此，才既能保障农村留守儿童家庭的最低生活保障申请权，又不会给村委会增加不合理的工作负担。

务工地政府和务工单位应依法承担协助义务。由于农村留守儿童家庭的一部分收入来源于父母务工地，而申请最低生活保障时又需要进行收入和财产调查，所以，农村留守儿童父母务工地的政府和单位应当承担配合户籍地相关部门提供务工农民收入和财产信息的责任，并需要在《社会救助法》和《儿童救助法》中予以确认。特别是，法律应当明确协助的条件、程序、方式及违反法律规定的责任等内容。

三、农村留守儿童最低生活补贴法律制度

为保障农村留守儿童生活补贴制度的规范性，应制定《儿童福利法》，并具体规定农村留守儿童生活补贴中的资金责任制度、保障标准制度、申请协助制度、监督制度等。

（一）资金责任制度

《儿童福利法》等应明确主要由务工地政府承担农村留守儿童生活补贴制度的资金责任。主要由务工地政府承担资金责任的理由是：首先，前已述及，务工农民对户籍地、务工地及整个国家均有贡献，但最低生活保障制度适宜由户籍地政府承担，因此，不宜再由户籍地政府承担生活补贴制度的资金责任，而应由务工地政府承担，这样能更好地体现权利义务的对应性。其次，生活补贴制度是社会福利制度，不需要对申请者的家庭经济状况进行调查，只需依照一定的标准向申请者支付统一的待遇即可，

无需由户籍地政府协助提供详尽的财产和收入信息，因此，务工地政府获取信息的困难较少。最后，务工地经济发展水平一般较户籍地高，务工地政府的财政承受力比较强。为弥补外出务工者做出的家庭牺牲，2010 年日本民主党上台后，不仅给予本国城乡留守儿童生活补贴，而且还给予在日本务工的外国人士留在本国的未成年子女相应的补贴。[1] 日本的做法对我们具有借鉴意义。由于农村留守儿童比同等条件的农村儿童更缺少父母关爱和照顾，制度优待的实质就是一种制度弥补。虽然物质给付不能完全弥补精神损失，但由务工地政府向因父母等监护人外出务工而生存权受损的农村留守儿童支付适量生活津贴，既是对务工农民的激励，也是制度公平的体现。

（二）保障标准制度

《儿童福利法》等应明确农村留守儿童生活补贴标准制度。农村留守儿童生活补贴标准的确定应兼顾公平和效率。不同于作为社会救助制度的最低生活保障制度，作为社会福利制度的农村留守儿童生活补贴制度旨在提高农村留守儿童的生活水平，以便让农村留守儿童享受到更多的社会发展红利。尽管如此，为了更加公平、合理，该制度的保障水平既应考虑务工农民户籍地和务工地的经济水准，也要结合务工农民的社会贡献。一方面，应坚持适度原则。既然农村留守儿童生活补贴的资金责任由务工地政府承担，制度安排要与务工地的经济水平、财政支付力相结合。经济水平较高、财政支付力强的地区的补贴额度应当大一点，反之，则小一点。适度原则旨在使生活补贴的财政支出不超越经济

---

〔1〕 王婧："政府实施新举措，在日华人留守儿童将无法领补贴"，载中国新闻网，http：//www.chinanews.com/hr/2010/10 - 12/2582033.shtml，最后访问日期：2017 年 11 月 10 日。

发展水平，不对经济发展产生阻碍。另一方面，要坚持贡献相当原则。务工农民外出务工时间的长短不同，对务工地、户籍地的贡献就有差别。依照贡献相当原则，补贴额度应与务工父母一方或双方的总务工时间长短相匹配，应反映出父母一方或双方的总务工贡献。父母的务工时间越长，给予农村留守儿童的生活补贴额度就越大，反之，则小。作为一种社会福利制度，农村留守儿童生活补贴制度不能过于强调效率，特别是不能过度强调务工农民的贡献差异，因而，务工时间长短的划分宜粗不宜细，务工时间长短对生活补贴的影响权重不宜过大。

（三）申请协助制度

申请权是农村留守儿童能否获得生活补贴保障待遇的程序性前提。实体性权利是程序性权利存在的基础，程序性权利是实体性权利得以实现的保障。在农村留守儿童生活补贴制度中，作为程序性权利的申请权是作为实体性权利的生活补贴权的实现保障。鉴于农村留守儿童家庭的特殊性，应当建立农村留守儿童生活补贴申请协助制度。

《儿童福利法》等应明确务工单位的农村留守儿童生活补贴申请协助义务。务工农民与用人单位之间的劳动关系决定了用人单位负有协助务工农民子女申请生活补贴的义务。一旦务工地政府依照法律或政策为务工农民留守于农村的子女设定生活补贴制度，务工农民就有权为其留守子女申请生活补贴，但务工农民必须证明自己与务工单位的存在劳动关系等。务工单位是务工农民与务工地的主要连接点。务工关系既表明务工农民是务工地的贡献者，也表明务工单位拥有其同务工农民的劳动关系等信息，因此，依法由务工单位承担协助责任既方便也具有合理性。务工单位应向务工地政府社会福利主管部门提供务工农民的劳动关系、劳动时间、劳动待遇等方面的证明材料，并要确保证明材料的真实性，否则，就要承担违反相关规定的责任。务工单位的证明材料与务工农民自己提供的农村留守儿童的身份、生活地、年龄等方面的证明共同构成生活补贴申请的主要依据。

第二节 中国农村留守儿童健康保障法律制度

父母等监护人的缺位增加了农村留守儿童的健康风险，农村留守儿童健康保障法律制度有助于维护农村留守儿童的健康权。

一、农村留守儿童健康保障法律制度的界定

健康权是农村留守儿童的一项基本权利。承认农村留守儿童的生存权，就必须肯定农村留守儿童的健康权。健康权已被国际社会确认为儿童的一项基本权利。1959 年的《儿童权利宣言》就强调：儿童应有能健康地成长和发展的权利；身心或所处社会地位不正常的儿童，应根据其特殊情况的需要给予特别的治疗。[1]根据上述精神，农村留守儿童不仅有权健康地成长和发展，还能够享有特殊的健康保障，因为他（她）们是相对于一般儿童的弱者。《儿童权利公约》明确要求：缔约国应确保儿童有权享有可达到的最高标准的健康及医疗、康复设施，确保没有任何儿童的这种保健服务权利被剥夺，并确保向所有儿童提供必要的医疗援助和保健。[2]上述条款强调了缔约国政府应当承担保障儿童健康权的责任，特别明确了儿童应享有的健康保障条件不仅不可被剥夺，而且必须是"可达到的"、"最高标准"。因此，农村留

---

〔1〕《儿童权利宣言》（联合国大会 1959 年 11 月 20 日发布），原则 4 和原则 5。
〔2〕《儿童权利公约》（联合国大会 1989 年 11 月 20 日发布），第 24 条。

守儿童有权要求政府保障自己的健康权，政府有保障农村留守儿童健康权的基本义务。这种政府等公共机构保障下的权利就是典型的社会保障权，也是一种社会权。

农村留守儿童健康保障法律制度旨在维护农村留守儿童的健康权。首先，农村留守儿童健康保障法律制度是政府主导下的制度安排。这也是它区别于家庭健康保障之处。家庭健康保障的主体是家庭。家庭健康保障的资金与人力资源都依赖于家庭，而家庭资源的有限性制约了家庭健康保障的水平。农村留守儿童健康保障法律制度通过公共途径集结资源，为农村留守儿童提供家庭健康保障之外的基本健康保障，其保障水平受制于政府的资源聚集能力。其次，农村留守儿童健康保障法律制度的核心内容是服务。该制度的保障水平受制于相应机构的服务能力。尽管资金对农村留守儿童健康保障法律制度具有重要作用，但资金购买的保健与医疗服务最终决定了农村留守儿童健康保障权的实现程度。最后，农村留守儿童健康保障法律制度的服务对象是社会弱势群体。作为制度服务对象的农村留守儿童不一定在物质条件方面弱于其他儿童，他（她）们只是不能像一般儿童那样享受到父母等监护人的照料与呵护，生存条件残缺，因而面临比普通儿童更大的生存风险。

农村留守儿童健康保障法律制度可分为不同的类型。其一，根据保障内容，可分为疾病预防保障制度与医疗保障制度。疾病预防保障制度旨在防病和提供保健服务，而医疗保障制度重在解决患病后的治疗问题。建立疾病预防保障制度，有助于强化人们的健康保健意识，减少患病概率。由于疾病预防成本往往大大低于治疗成本，强调疾病预防，不仅能够提高农村留守儿童的生存质量，也有助于节约医疗资源。因此，区分疾病预防保障制度与医疗保障制度对于合理配置健康保障资源、提升农村留守儿童健康水平有重要作用。其二，根据保障方式，可以区分为健康保险制度、健康救助制度和健康福利制度。健康保险制度的特点是受益人与政府共同承担资金责任，而且保障水平与承担的义务密切相关。健康救助制度与健康福利制度则主要依靠政府筹集费用；只是前者的保障水平比较低，且与受益人的家庭收入相关联，而后者的保障水平比较高，是一种与收入不挂钩的普遍性保障。依此来区分农村留守儿童健康保障法律制度，有助于把农村留守儿童的健康保障水平层次化。有些农村留守儿童的保障项目可采取医疗救助方式，有些则可采取合作医疗方式，有些可依托医疗福利模式，也有些项目可综合运用上述三种模式。

二、农村留守儿童疾病预防法律制度

农村留守儿童疾病预防法律制度是规范政府为预防、控制一般疾病与传染病而提供儿童保健和预防接种服务的法律规则体系。无论一般疾病，还是传染性疾病，提前预防不仅可使儿童免受疾病痛苦，还能大幅度降低儿童健康保障成本。基于此，我国建立了适用于包括农村留守儿童在内的各类儿童的疾病预防和控制制度。尽管如此，现有儿童疾病预防制度仍无法有效满足农村留守儿童的疾病预防需要，原因如下：其一，缺少系统的法律规范支撑。中国已制定的《妇幼保健法》仅适用于婚前保健和孕产期保健，无法对农村留守儿童提供全面、有效的疾病预防保障，保障农村留守儿童疾病预防的规范主要是一些缺少稳定性和系统性的政策。其二，适用于农村留守儿童的疾病预防服务项目的内容单一。预防接种服务是各地农村留守儿童所能够享受到的主要疾病预防项目，而规范性的儿童保健教育、儿童健康体检却无法广泛提供。其三，适用于农村留守儿童的疾病预防设施严重不足。许多地方的县级医院和妇幼保健机构缺少儿童专用保健设施，国家规定的保健项目无法实施，儿童保健服务只能停留于较低层次。其四，缺乏高质量的专业人员队伍。由于儿童保健服务基本是非营利性项目，不能创造收入，经济条件较差地区的医疗服务机构都不愿意为该类服务支付大量成本，以至于，儿童疾病预防专业队伍的业务素质普遍不高，待遇较低，工作积极性不高，流动性强，服务质量较差。其五，国家资金投入有限。由于农村地区经济发展水平低，政府财力有限，儿童疾病预防专项经费投入很少，很多县级的医院、妇幼保健机构和乡镇医院都把临床医疗服务作为工作重点，不能积极增加儿童疾病预防支出。而且，承担妇幼保健职能的县乡医疗卫生机构又普遍重视妇女疾病预防，有限资源之中用于儿童疾病预防的就更少。基于以上原因，如能把现行的《妇幼保健法》调整为《妇女儿童保健法》，则可为儿童提供从出生到成年之前的全程疾病预防保障，农村留守儿童也可享有全面、稳定的儿童疾病预防服务。

《妇女儿童保健法》应确认中央政府的农村留守儿童疾病预防财政保障责任。中央政府应当依托转移支付制度增加中西部适用于农村留守儿童的疾病预防服务支出。经济发展不平衡使得不同地区儿童疾病预防服务支出相差悬殊，财政收入吃紧的中西部地区缺少有效途径弥补儿童疾病预防服务资金的不足。中央政府有义务通过财政转移支付制度支持中西部地区儿童疾病预防服务。一方面，中央政府应当承担保障公民生存权的兜底性责任。作为社会存在目的的人具有生存权上的一致性，无论其社会贡献多少、能力高低，社会应当尊重每一个人的存在。如果农村留守儿童的生存权得不到地方政府的维护，中央政府就有义务予以保障。因此，中央政府对农村留守儿童的健康保障承担补充资金责任具有正当性。另一方面，实现各地经济社会的平衡发展是中央政府的目标之一，而人的平衡发展是经济社会平衡发展的基础。提升中西部地区儿童的健康水平是中国经济社会发展的动力源。

《妇女儿童保健法》应明确适用于农村留守儿童的基本疾病预防制度。现有适用于农村留守儿童的疾病预防服务制度的残缺既与中国经济发展不平衡相牵连，也与儿童疾病预防服务法律制度的不健全密切相关。尽管中央政府颁布了大量可适用于农村留守儿童疾病预防工作的政策性文件，但规范性和强制性差的特征大大弱化了其实施效果。所以，应当依托法律推进适用于农村留守儿童的疾病预防工作。首先，《妇女儿童保健法》应确认适用于农村留守儿童的疾病预防服务项目。立法机构必须依照严格程序确定儿童必需的疾病预防服务项目。这是农村留守儿童享有规范性健康保障项目的基础。其次，法律应当明确儿童疾病预防服务机构配备相关设施的基本准则。尽管法律无法具体规定儿童疾病预防服务机构相关设施的具体类型，但基本准则可有效约束有关卫生主管部门和保健服务机构，以减少儿童疾病预防服务机构设施配备的随意性，确保农村留守儿童保健服务的水平。最后，法律应当明确儿童疾病预防服务机构的人员配备标准。低于法定标准配备人员意味着法律责任的承担，因而，依法明确人员配备标准有利于改进儿童疾病预防服务机构的工作环境和工作条件，并提高人员待遇，增强团队的凝聚力和吸引力。即，人员配备标准的法定化有利于为农村留守儿童提供良好的健康保障服务。

三、适用于农村留守儿童的新型农村合作医疗法律制度

应当在总结新农合制度实践的基础上制定《新型农村合作医疗法》，并依托该法建立适用于农村留守儿童的新农合法律制度。

（一）制度构建原因

适用于农村留守儿童的新农合制度是指为包括农村留守儿童在内的所有农村儿童建立的新农合制度。[1] 现有新农合制度涵盖了各类儿童，但却无法有效反映儿童的特点。首先，作为未成年人的儿童所患的一些疾病（如儿童所患急性白血病和先天性心脏病）如不能及时治疗，随着时间的推移，治疗难度会愈来愈大，医疗成本也会越来越高，而且会制约儿童的成长和发展，甚至影响终身。因此，医疗保障制度的设计应尽可能有利于包括农村留守儿童在内的各类儿童所患的常见疾病的及时、有效诊疗。其次，危害儿童健康的原因与成年人有不同之处。如儿童喜运动，自我控制能力弱，意外事故所致伤害往往多于成年人，因此而产生的医疗费用支出也多于成年人，而新农合制度一般不为意外伤害提供保障。基于此，应分别为包括农村留守儿童在内的各类儿童与成年人分别设计不同的新农合制度。为节约成本，适用于农村留守儿童等各类儿童的新农合与适用于成年人的新农合应当由同一经办机构管理；两类新农合在资金筹措、保障对象、待遇类型等方面要有所区分。

（二）制度构建原则

法律原则是法律规则的根据，法律规则是法律原则的展开。"'原则'是总结许多更小的具体规则的广泛的和一般的规

---

[1] 下文，除非必要，"适用于农村留守儿童的新型农村合作医疗"简称"农村留守儿童新农合"；尽管下文主要从农村留守儿童的角度论述"农村留守儿童新农合"，但相关原理也适用于普通儿童。

则。"〔1〕或者说，"规则通常是由原则证成的。"〔2〕农村留守儿童新农合法律制度的构建原则是农村留守儿童新农合法律制度制定、实施的基本准则，也是农村留守儿童新农合法律制度的灵魂。应依托《新型农村合作医疗法》，把自愿原则、互助互济原则、权利义务统一原则、援助弱者原则确定为农村留守儿童新农合法律制度的基本原则。

所谓自愿原则是指农村留守儿童的监护人自主决定农村留守儿童是否参加农村留守儿童新农合法律制度。农村留守儿童新农合是一种非强制性的制度安排，农村留守儿童的监护人可以在权衡利弊之后决定参加与否；参加之后，也有权退出；农村留守儿童及其监护人被赋予选择权，不仅展示出立法者对作为弱势群体的农村留守儿童及其家人的尊重，而且也提供了验证制度绩效的机会。如果制度不能带给农村留守儿童及其家人所期望的待遇，制度被选择的概率就不会太高，制度实施的阻力就比较大。反之，就可证明制度的存在价值。选择权有助于提高农村留守儿童新农合的粘合力。即使惯常使用行政权力变相强制农村留守儿童参与的地方，选择权仍会显示出一定的检验功能。

互助互济原则是指农村留守儿童新农合制度依赖于农村留守儿童家庭之间的团结合作。如同新农合一样，农村留守儿童新农合也应坚持家庭缴费原则。只要有家庭缴费，不同的农村留守儿童家庭之间就形成互助互济关系。尽管家庭缴费仅占农村留守儿童新农合资金的较小部分，但毕竟是农村留守儿童新农合制度存

---

〔1〕 ［美］劳伦斯·M. 弗里德曼：《法律制度——从社会科学角度观察》，李琼英、林欣译，中国政法大学出版社 2004 年版，第 46 页。

〔2〕 ［美］迈克尔·D. 贝勒斯：《法律的原则——一个规范的分析》，张文显等译，中国大百科全书出版社 1996 年版，第 13 页。

在的基础。不论实际花费高低，却依照相同或者相近的标准缴费。支出少者实际上为支出多者提供了帮助，此即社会保险制度体现的精神之一。农村留守儿童不仅是自理能力上的弱者，也是经济上的弱者。弱者间的团结与合作能解决作为单个弱者的农村留守儿童无法解决的医疗保障问题。

　　权利义务统一原则是指农村留守儿童及其家人在农村留守儿童新农合制度中既享有权利又承担义务。农村留守儿童及其家庭是农村留守儿童新农合的最大受益者，但也不免除其义务。首先是缴费义务。农村留守儿童及其家庭要承担部分资金责任。无论现行普通新农合制度，还是一些地方专门为特殊儿童设置的新农合制度，其中的受益者缴纳的费用所占比例皆比较小，但除非经济状况十分困难，都不免除农村留守儿童及其家庭的缴费义务。其次是非缴费义务。农村留守儿童及其家庭必须履行的非缴费义务包括按照法定方式办理参保手续、办理转诊等。

　　援助弱者原则是指农村留守儿童新农合制度的设计和实施都应以服务和有利于作为弱者的农村留守儿童为出发点。农村留守儿童因缺少父母或其他监护人的照顾而成为健康方面的弱者。为保障作为弱者的农村留守儿童的权益，政府必须提供更多的援助。农村留守儿童新农合坚持"政府补贴为主、家庭缴费为辅"的原则。农村留守儿童新农合制度存在的物质基础是政府的补助，而不是农村留守儿童家庭的缴费。这表明，政府向农村留守儿童及其家庭提供了经济援助，作为受益人的农村留守儿童及其家庭不是制度资金的主要提供者。无论从人的内在价值衡量，还是从人的工具价值来看，上述援助皆具有合理性。就前者而言，农村留守儿童无论将来能否为社会做贡献，社会都应保障其健康权；从后者而言，农村留守儿童是未来的劳动者，现在的政府援助只不过是提前为劳动者支付了社会报酬。

（三）管理体制

《新型农村合作医疗法》应明确农村留守儿童新农合事务与新农合事务由同一机构处理。农村留守儿童新农合具有制度上的独特性，但与新农合也有密切联系。首先，两种制度的缴费主体相同。尽管农村留守儿童参加农村留守儿童新农合，而其父母则参加新农合，但两种制度的缴费主体都是农村留守儿童父母。其次，制度内容具有相关性。农村留守儿童新农合与新农合都重点关注门诊、住院及重大疾病的医药费的报销和补助问题，因而在制度的设计和实施上有许多共通之处，分开管理必然造成人力与物力资源的浪费。最后，农村留守儿童新农合具有试点性质。试点之后既可能最终确定为"儿童新农合"，也可能融入一般新农合之中。基于此，由新农合管理机构管理农村留守儿童新农合比较方便，便于应对未来制度的转换。

农村留守儿童新农合事务管理机构可区分为主管机构、实施机构和协助机构。主管机构是作为统筹地区的设区市和县（市、区）的卫生主管部门，主要负责政策制定与宏观管理。实施机构是农村合作医疗管理委员会。该委员会由政府相关部门代表、参合农民代表和农村留守儿童家庭代表组成，负责事务的组织、协调和管理。委员会下设新农合经办机构，负责新农合与农村留守儿童新农合的申请者信息处理、资金筹集与管理、补助发放等具体事务。协助机构主要是乡镇人民政府、街道办事处，它们是新农合与农村留守儿童新农合的直接组织者、资金筹措者和政策宣传者。村民委员会、居民委员会有责任协助乡镇人民政府、街道办事处组织和实施新农合与农村留守儿童新农合的事务。

（四）资金制度

《新型农村合作医疗法》应明确农村留守儿童新农合的资金

筹措制度。农村留守儿童新农合应适当增加个人缴费。与新农合一样，农村留守儿童新农合也按照"个人缴费、集体扶持和政府资助"的原则筹集资金。就同一地区同一时期的家庭缴费与政府、集体扶持资金之间比例而言，农村留守儿童新农合与新农合应大体相当。农村留守儿童新农合的个人缴费应高于同一地区同一时期的新农合的个人缴费。相应地，政府和集体扶持资金也要高于同一地区同一时期的新农合的政府和集体扶持资金。父母等监护人的缺位使得农村留守儿童面临更多的健康风险，而农村留守儿童又处于身心快速成长阶段，因而需要为其提供更为全面的待遇与较高的保障标准。按照公平原则，较多的缴费才能获得较好的保障，这就要求农村留守儿童新农合的个人缴费应适当高于新农合。但提高缴费水平可能导致部分留守儿童家庭缴费困难。为此，可用医疗救助资金帮助困难家庭缴纳其应当承担的个人费用。由于目前国家设定的新农合筹资标准不高，而且个人缴费只占到筹资总额的很小一部分，[1] 因此，农村留守儿童家庭的缴费即使在此基础上适当增加，多数家庭也能承担得起。

《新型农村合作医疗法》应明确农村留守儿童新农合的资金使用规则。农村留守儿童新农合资金主要用于农村留守儿童的高额医疗开支项目。农村留守儿童医疗开支中最主要的是住院费、门诊费，特别是大病的住院费和门诊费。由于大额医疗支出是因病致贫的主要原因，解决了大额医疗支出问题，就遏制住了因病致贫问题。这是新农合建立初期重点解决的问题。作为新农合特殊形态的农村留守儿童新农合也具有与新农合一样的制度目标，

---

〔1〕　根据《关于做好 2017 年新型农村合作医疗工作的通知》（国卫基层发〔2017〕20 号），2017 年新农合的最低年筹资标准为 630 元。其中，政府年补贴 450 元，全国平均个人年缴费 180 元。

即，重点解决农村留守儿童大额医疗费用的补助问题，以降低农村留守儿童家庭的医疗成本。基于此，该制度不仅要把产生大额开支的住院费、大病的住院费和门诊费作为支付的重点，还要逐步提高门诊费的报销比例。2010 年起在全国实施的 4 种儿童先天性心脏病和 2 种白血病的救助制度也适用于农村留守儿童，它体现的就是降低儿童家庭大病负担的原则；[1] 确保门诊费用报销比例不低于 50% 的政策的长期稳定则有助于降低农村留守儿童家庭的日常医疗开支。[2]

《新型农村合作医疗法》应明确农村留守儿童新农合的资金运营规则。农村留守儿童新农合基金保值增值压力大。尽管新农合与农村留守儿童新农合由同一机构管理，但仍是两套制度。农村留守儿童新农合基金实行专户管理，与新农合基金分开运行。短期内难以对农村留守儿童新农合基金进行市场化投资，原因如下：其一，资金规模小。目前，农村留守儿童新农合也只能采用一般新农合的县级统筹方式，且参加农村留守儿童新农合的儿童数量仅占当地人口的一小部分，因而其基金规模较小。其二，大多地方限于县级统筹，而多数县级经办机构缺乏市场投资专业人才。其三，现有法律对社会保障资金市场化投资的限制较多。从长远看，农村留守儿童新农合基金需要通过适当的投资手段实现保值增值。但多元化的市场投资既依赖于高素质的专业人员和良好的投资环境，也需要成熟的农村留守儿童新农合制度安排，尤其是要逐渐提高统筹层次，扩大基金规模。

---

[1] 《关于开展提高农村儿童重大疾病医疗保障水平试点工作的意见》（卫农卫发［2010］53 号）。

[2] 《关于做好 2017 年新型农村合作医疗工作的通知》（国卫基层发［2017］20 号）。

（五）参合人补偿制度

《新型农村合作医疗法》应规定农村留守儿童新农合的参合人补偿制度。参合农村留守儿童的待遇主要涉及四个方面的问题：

第一，《新型农村合作医疗法》应合理确定农村留守儿童新农合的补偿限额。农村留守儿童新农合的补偿限额可以适当高于新农合。国务院规定，2012 年新农合的补偿限额为当地农民人均纯收入的 8 倍以上，且不低于 6 万元。[1] 农村留守儿童新农合的补偿限额可以高于该标准。确定新农合最高支付限额，既要考虑重大疾病救治的治疗成本、基金规模，也要兼顾门诊费用补偿与住院费用补偿的合理比例。为农村留守儿童提供较高待遇有助于解决农村留守儿童意外伤害及特重大疾病引起的医疗费用支付困难。但是，支付限额也不能太高。太高的支付标准意味着其他参合家庭和政府为其支出过多费用，从而削弱了制度对其他农村留守儿童的保障能力。总之，农村留守儿童新农合最高支付限额应适当高于新农合及上一年人均纯收入八倍的限制，对大病、特殊病种应适当提高最高支付额度。

第二，《新型农村合作医疗法》应合理确定农村留守儿童新农合的意外伤害补偿制度。农村留守儿童新农合应保障农村留守儿童意外伤害风险。这是农村留守儿童新农合与一般新农合的主要区别之一。父母等监护人的缺位增加了农村留守儿童的意外伤害风险。作为未成年人的农村留守儿童，自我控制力及意志力比较弱。父母是农村留守儿童最好的照管人，父母等监护人长期外

---

〔1〕《关于做好 2012 年新型农村合作医疗工作的通知》（卫农卫发〔2012〕36号）。

出导致农村留守儿童最佳照管人的缺位。无论是建立于契约之上的家庭照管、福利机构照管，还是以国家亲权为基础的各种公共制度安排，都只能部分地弥补父母监管不能的不足，却不能完全抵销父母缺位造成的全部不利影响。农村留守儿童新农合保险必须有针对性地设置制度，以因应农村留守儿童意外伤害风险高的特点。农村留守儿童意外伤害风险不仅会产生治疗费用，还容易造成死亡、伤残结果。无论是未成年人的特征，还是父母照管缺失的特殊性都证明了农村留守儿童的弱者身份，而上述风险及结果也缘于此。但这些特殊性却决定了在新农合制度之外独立设置农村留守儿童新农合制度的合理性。基于此，农村留守儿童新农合需要为农村留守儿童等儿童的意外伤害风险提供保障待遇，包括意外死亡补偿、意外门诊治疗补偿和意外住院治疗补偿，而且补偿标准应当合理。

第三，《新型农村合作医疗法》应合理确定农村留守儿童新农合的能力恢复补偿制度。农村留守儿童新农合应保障农村留守儿童能力恢复支出的补偿。这是农村留守儿童新农合与新农合的另外一个重要区别。意外伤害和疾病都可能导致农村留守儿童短期或长期生活自理能力的减弱或丧失，甚至成年之后劳动能力的减弱或丧失。有利于农村留守儿童未来生活自理能力和劳动能力提高的制度有助于让作为弱者的农村留守儿童有机会获得与其他社会成员同等的生存机会，也可增加农村留守儿童贡献于社会的机会。即，尽管作为非劳动者的农村留守儿童不宜获得过高的保障，但是，如果能够避免削弱农村留守儿童未来或成年之后的生存机会、生存条件，作为未成年人的农村留守儿童就应当获得高于作为非劳动者的普通成年人的待遇。具体而言，虽然农村留守儿童新农合不应给予伤残儿童类似于工伤待遇的一次性伤残补助金，但凡是有助于其早日康复及提高其未来生活自理能力和劳动能力的治疗、康复支出，农村留守儿童新农合就应尽可能地给予保障。否则，不仅不利于保障农村留守儿童的未来生存权，也不利于社会未来人力资源素质的提升。因此，农村留守儿童新农合应保障农村留守儿童的合理的康复性医疗费用和残疾辅助器具费用支出得到补偿。

第四，《新型农村合作医疗法》应合理确定农村留守儿童新农合的普通疾病费用保障规则。普通疾病医疗费用支出是农村留守儿童新农合制度补偿的基本项目。普通疾病医疗项目又可分为普通疾病门诊和普通疾病住院。由于住院医疗费用高于门诊医疗费用，而农村留守儿童新农合的出发点首先是要减轻大额医疗费用支出负担，防止大病、重病患者家庭"因病致贫、因病返贫"，因此，普通疾病住院费用是农村留守儿童新农合保障的重点。但如果农村留守儿童新农合筹资能力比较强，也应把降低留守儿童门诊费用支出及减轻所有农村留守儿童家庭的医疗支出作为制度目标。可以说，以解决住院费负担为目标的制度安排体现的是突出重点的差别性原则，而以解决门诊费用负担为目标的制度安排则体现的是普遍受益的一致性原则。基于目前中国政府和留守儿童家庭筹资能力较强的情况，应当把农村留守儿童新农合制度的目标确定为补偿适度的住院费用支出、适度提高门诊费用的报销比例。这也与新农合制度的调整趋势相一致，而且，让所有社会成员受惠是新农合和农村留守儿童新农合的最终目标。

四、农村留守儿童医疗救助法律制度

农村留守儿童医疗救助就是指通过政府拨款及社会捐助等方式筹集资金，对家庭经济困难、患大病农村留守儿童的医疗服务支出予以保障的制度。作为农村留守儿童新农合制度的重要补充，该项制度对于减轻农村留守儿童家庭的医疗费用负担具有重要作用。首先，该制度主要针对无法有效承受医疗费用负担的农村留守儿童家庭。无论是经济收入较低的农村留守儿童家庭，还是罹患大病的农村留守儿童家庭，都面临医疗费用支出压力。为这些家庭提供医疗救助，不仅有助于保障农村留守儿童的健康权，也是对外出务工农民劳动的认可。其次，农村留守儿童医疗救助建立于家庭经济状况调查基础之上。作为社会救助制度，农村留守儿童医疗救助只能援助家庭经济状况较差的家庭。虽然最需要接受医疗救助的不一定是家庭收入低于当地最低生活保障线的家庭，但应当是医疗费用支付能力非常弱的农村留守儿童家庭。只有经过深入、细致的家庭经济状况调查和横向比对，才能够对申请者是否符合条件作出正确判断。最后，该制度是农村留守儿童新农合制度的有效补充。农村留守儿童新农合不仅可对农村留守儿童的一般疾病的住院费用和门诊费用给予补助，还可以对意外伤害造成的死亡、伤残等方面的主要医疗费用及其他费用给予补助，其中也包括各类大病的住院和门诊支出。而且，农村留守儿童新农合能够补助住院医疗费用的大部分（目前，住院费用报销比例为75%左右[1]），因此只有少部分费用需要农村留守儿童家庭支付。农村留守儿童社会救助承担的比例一般只占总费用的很小一部分，尽管如此，对于经济困难和患大病的留守儿童家庭而言，仍是非常重要的援助。

依托《医疗救助法》构建农村留守儿童医疗救助法律制度。农村留守儿童医疗救助法律制度应主要规定筹资途径、支出范

---

[1] 《关于做好 2017 年新型农村合作医疗工作的通知》（国卫基层发 [2017] 20 号）。

围、支出程序，特别是重点支出领域。农村留守儿童医疗救助侧重于住院费用援助。由于筹资水平与经济发展水平相适应，农村留守儿童医疗救助资金的水平与范围也应有一个演进过程。前期应侧重于对农村留守儿童家庭影响比较大的住院医疗费用，兼顾门诊医疗费用；随着筹资能力的提升，农村留守儿童医疗救助应逐渐缩小住院和门诊费用的报销比例的差距，即，从突出重点向普遍受惠模式转变。由于农村留守儿童面临的意外伤害风险比较大，因此，医疗救助的支持范围既应涵盖普通疾病支出，也应包括意外伤害治疗费用。农村留守儿童新农合补偿之后，剩余的医疗费用支出部分就可申请农村留守儿童医疗救助。根据筹资水平，农村留守儿童医疗救助也可适当补偿门诊医疗费用的支出。门诊费用救助水平的提高应与筹资水平的提升相一致。除了医疗费用，医疗救助还可用于支付应当由农村留守儿童家庭负担的新农合费用，这样就可以避免农村留守儿童家庭因无法缴费而享受不到农村留守儿童新农合制度待遇的情况。

五、农村留守儿童住院照管补贴法律制度

农村留守儿童住院照管补贴制度是指以政府承担费用的方式向照管住院农村留守儿童的组织或个人支付补偿性费用的制度。由于父母长期外出，农村留守儿童一旦患病住院，就可能需要农村留守儿童父母之外的人提供照管服务。无论这种服务是有偿，还是无偿，政府都应提供相应援助，原因如下：一是可以弥补农村留守儿童家庭的支出。当找不到可以免费照管者而父母又无法照管时，农村留守儿童家庭就不得不通过支付费用请人照管住院农村留守儿童。如果政府此时给予补助，就能减轻农村留守儿童家庭负担。二是可以补偿愿意无偿照管住院农村留守儿童者。如果有人愿意免费照管住院的农村留守儿童，而政府向其提供部分

补贴，则是对照管人劳动的补偿，也会激励更多人关注、帮助农村留守儿童及其家庭。

依托《医疗救助法》构建农村留守儿童住院照管补贴制度。农村留守儿童住院照管补贴应设计严格的实施程序。该制度应由民政部门主导，卫生行政部门协助实施。两部门应在调研基础上设计严格的规程：一方面，如果是有偿照管，农村留守儿童家庭应当出具相应证明，民政部门经审查，如果认为情况属实，则应把住院照管补贴发给农村留守儿童家庭，以减轻其经济负担。另一方面，如果住院照管是无偿的，照管人应当出具相应证明，民政部门经审查，如果认为情况属实，则应把住院照管补贴发给住院照管人，以补偿其劳动付出。制度安排应当着重防止当事人弄虚作假，提供虚假证明，骗取住院照管补贴。特别是第一种情形下最容易出现违规领取现象。借助立法，制定严密的公示、调查、举报和处罚制度，有利于解决上述问题。

第三节　中国农村留守儿童教育保障法律制度

教育是农村留守儿童发展的基础。教育过程往往兼容技能和理念。"在学习中，不存在一种课程仅仅传授普通文化修养知识，而另一种课程仅仅传授专业知识"，毕竟，"在普通文化修养课程中，学生会对某些内容产生特殊的兴趣；而在专业化学习中，课程之间的外在联系也会拓展学生的视野"。[1] 尽管社会理念的传输内涵于整个教育过程，但社会理念不会自动融于教育过程，

---

〔1〕 ［英］怀特海：《教育的目的》，庄莲平、王立中译注，文汇出版社 2012 年版，第 15 页。

教育理念只能借助于教育制度和教育者作用于被教育对象。只有能够贯彻正确教育目的的教育制度和教育者才可能用正确的教育理念培养人。农村留守儿童的发展也有赖于蕴含正确教育目的的教育制度和教育者。阿尔弗雷德·诺斯·怀特海（Alfred North Whitehead）认为，教育"必须培养所有精神品质中最难的一点——对风格的鉴赏"，而风格"就是最终获得有教养的心智"，"是最有用的东西"，"是人类精神世界最终的道德归宿"，因为"有风格的管理人员讨厌浪费，有风格的工程师尽可能地节约原料，有风格的工匠更喜欢创造精美的作品"。[1] 风格就是人的各类良好素质的综合，是人发展不可或缺的内在条件。有风格的人能够自强不息，敢于担当，善于包容，勇于创新。教育可以培养农村留守儿童的风格，使其融于社会，适应社会，并可与其他儿童一道享有社会发展红利。教育是实现农村留守儿童发展权的条件，也是公平发展的保障。

一、农村留守儿童教育保障法律制度的界定

所谓农村留守儿童教育保障法律制度，是指政府等公共机构为农村留守儿童提供公共教育的机会与条件的法律规则体。公共教育是农村留守儿童获得成长与发展所需知识、技能的保障，而父母长期外出削弱了农村留守儿童接受公共教育的基础。承担公共职责的政府因而有义务通过法律维护农村留守儿童的受教育权，因此，农村留守儿童的教育保障制度有其特定的内涵。首先，该制度旨在保障公共教育。公共教育是指家庭之外的教育，包括学前教育、初等教育、中等教育和高等教育等由各类公私机

---

〔1〕　［英］怀特海:《教育的目的》，庄莲平、王立中译注，文汇出版社 2012 年版，第 16 页。

构提供的面向社会招生的教育。虽然家庭教育对农村留守儿童的发展十分重要，但它是家庭发挥主要作用的领域；而公共教育是家庭力所不能的，因此，政府有义务承担相关责任。其次，该制度突出了政府义务。政府的公共教育责任不仅已为法律与政策所保障，也被国际公约所确认。《儿童权利公约》强调，缔约国不仅应确认儿童有受教育的权利，还应采取措施保障所有儿童机会均等地实现上述权利，特别是，应当实现全面的免费的小学义务教育，鼓励通过免费教育和对需要者提供津贴来确保所有儿童均能享有和接受不同形式的中学教育（包括普通和职业教育）。[1]但中国政府尚无法为农村留守儿童提供充分的公共教育保障，需要依托制度变革予以跟进。最后，农村留守儿童的受教育权不同于普通儿童的受教育权。作为监护人的父母的外出务工是实现农村留守儿童受教育权的主要障碍。受教育权由应然权利变为实然权利离不开父母的协助，没有父母的配合，会导致受教育权无法实现。政府等公共机构的作用就是弥补父母外出造成的教育机会缺失。

教育保障法律制度旨在培养农村留守儿童的个性和价值观。首先，农村留守儿童有资格发展自己的个性。发展个性的实质就是根据自己的特点造就适应社会和发展自我的能力。父母长期外出导致农村留守儿童的个性培养条件弱于其他儿童，教育保障制度的目标就是要消除制约性条件对农村留守儿童个性发展的不利影响。其次，农村留守儿童需要培养正确的社会价值观。正确的社会价值观包括对人权和基本自由的尊重，对自身、家庭、国家、民族的文化认同，对其他国家、民族的人和文化的尊重及对

---

[1] 《儿童权利公约》（联合国大会1989年11月20日发布），第28条。

自然环境的尊重。[1]一个社会很难要求缺少良好教育的农村留守儿童具有认同自身和自身文化、尊重他人及其他文化、尊重人权自由和自然环境的素养。系统、规范的教育不是培养高素质人才的唯一条件，却是造就高素质人才的必要条件。

农村留守儿童教育保障法律制度的设置要遵循公平原则。农村留守儿童教育保障制度的公平主要体现为三点：其一，农村留守儿童获得的公共教育条件和机会与同一地区的农村非留守儿童大体相当。虽然两类儿童的父母状况不同，但其处于同一地区，外部经济社会条件相近，具有比较强的可比性，两类儿童之间能够获得同样的公共教育待遇是公平原则的基本要求。其二，农村留守儿童享有的公共教育待遇与父母务工地城市的流动儿童大体相当。虽然两类儿童的生活地点不同，但其父母工作情况相近，家庭经济条件比较接近，可比性比较强，两类儿童也应当享有相近的公共教育机会与条件。其三，农村留守儿童也应当享有与父母务工城市普通儿童相同的公共教育机会。尽管两类儿童的户籍不同，家庭待遇有别，但两类儿童的父母都通过劳动为同一个城市做贡献，两类儿童应享有类似的公共教育机会。显然，上述三种比较存在较大差别。其中，建立于第一种比较之上的公平相对容易实施，当然对农村留守儿童的保障程度也较低；建立于第三种比较之上的公平不易实现，但却给予了农村留守儿童较好的机会，这是未来制度变革的最终方向。建立于第二种比较基础之上的公平介于第一种与第二种情形之间。第一种比较的合理性基于两类儿童生活环境的相似性，第二种比较的合理性基于父母工作身份的相似性，第三种比较的合理性则基于父母生活地点或工作

---

[1]《儿童权利公约》（联合国大会1989年11月20日发布），第29条。

地点的相似性。

农村留守儿童教育保障法律制度可分为不同类型。首先，依照阶段的不同，可分为学前教育保障制度、初等教育保障制度、中等教育保障制度和高等教育保障制度。不同阶段教育保障的内容不同，制度设计有异。农村留守儿童的学前教育保障制度主要是确保农村留守儿童能获得幼儿园教育的机会；初等教育保障制度旨在让农村留守儿童获得小学教育机会；而中等教育保障制度的目的则是确保农村留守儿童享有初级中学和高级中学的教育机会，尤其是初级中学教育机会；由于部分农村留守儿童成年之前有机会升入大学，因此，公平地获得高等教育机会也是中国农村留守儿童教育权的内容之一。其次，依照保障内容的差别，可以分为入学保障制度、学习保障制度、经济保障制度、住宿保障制度等。监护人的长期外出和经济压力可能迫使不少家长放弃农村留守儿童的入学机会，因而，依法强制父母或其他照管人承担入学保障义务十分必要；农村留守儿童能否像其他同龄儿童一样顺利完成每个阶段的学业，也是农村留守儿童教育保障制度关注的目标之一；家庭经济状况较差的农村留守儿童能够获得学习和生活所需的经济支持是农村留守儿童教育保障制度设计的目的；不少父母双方长期外出务工的农村留守儿童的学校学习依赖于安全、可靠的学校寄宿条件。因此，上述分类也具有重要的现实意义。

二、农村留守儿童义务教育入学保障法律制度

农村留守儿童义务教育入学保障法律制度是指确保适龄农村留守儿童按时上学、不辍学的法律规则。经济困难、照管缺失、父母认识偏差是农村留守儿童失学风险大于普通儿童的主要原因。依照较新调查，6~11岁和12~14岁的农村留守儿童的在校

比例分别为96.49%和96.07%，部分中西部地区的农村留守儿童受教育状况相对较差。[1]这表明，虽然绝大部分农村留守儿童能够接受义务教育，但仍有部分适龄农村留守儿童未能接受义务教育。义务教育入学保障法律制度就是通过消除造成农村留守儿童不能按时上学、中途辍学的原因，保障适龄儿童的在学。该制度的特点有三：其一，义务教育入学保障法律制度依赖于政府、家庭及社区。尽管入学保障的首要责任主体是农村留守儿童家庭，但社会保障制度的性质决定了政府责任的不可或缺性。同时，农村留守儿童所处社区也应当发挥其优势，并承担农村留守儿童入学的监督责任。三类主体的配合与协调是农村留守儿童义务教育入学保障制度实施的基础。其二，义务教育入学保障法律制度是农村留守儿童受教育权实现的前提性条件。应当说，农村留守儿童受教育权的实现依赖于诸多因素，但机会是前提，只有获得了入学机会的农村留守儿童才可能享受真正的教育，并从中获益。其三，克服农村留守儿童失学依赖于多种手段。保障适龄农村留守儿童入学，不仅要依托法律制度解决农村留守儿童父母的经济顾虑，还需在法律中明确父母的配合责任，以便让农村留守儿童入学问题真正转换成法律权利的实现问题。

（一）完善父母的农村留守儿童义务教育入学保障法律责任

完善父母法律责任制度是农村留守儿童义务教育入学保障制度的关键。作为监护人的父母是农村留守儿童受教育权实现的核心责任承担者。联合国《儿童权利宣言》强调，按照最大利益原则对儿童进行教育和指导的首要责任者是父母；[2]《义务教育

---

〔1〕全国妇联课题组：《我国农村留守儿童、城乡流动儿童状况研究报告》（2013年5月10日）。

〔2〕《儿童权利宣言》（联合国大会1959年11月20日发布），第7条。

法》(2015年修正)第5条明确规定:"适龄儿童、少年的父母或者其他法定监护人应当依法保证其按时入学接受并完成义务教育。"[1] 对于作为未成年人的农村留守儿童而言,父母不仅是其主要的生活保障者,也是其精神依赖者,常常也是其信赖者。如果没有父母的支持与允诺,农村留守儿童很难入学接受教育。特别是,父母的诸多现实考虑足以让很多农村留守儿童放弃入学念头,而尤以经济理由最具说服力。尽管政府可以解决农村留守儿童义务教育期间的大部分经济支出,但部分父母认为,漫长的教育并不能保障大学毕业后获得有尊严的收入。个人长远利益与社会发展则要求农村留守儿童必须接受系统教育,特别是应完成高等教育之前的各阶段教育。基于此,法律必须为农村留守儿童父母设定保障农村留守儿童入学的强制性义务。

父母责任应当具有可实施性。如果适龄儿童的父母或者其他法定监护人无正当理由未依法送适龄儿童入学接受义务教育,依照《义务教育法》第58条的规定,当地乡镇人民政府或者县级人民政府教育行政部门应当给予批评教育,并责令限期改正;[2]《未成年人保护法》第62条规定,父母或者其他监护人不依法履行监护职责,或者侵害未成年人合法权益的,由其所在单位或者居民委员会、村民委员会予以劝诫、制止;构成违反治安管理行为的,由公安机关依法给予行政处罚。[3] 上述规定对儿童家长的约束力非常弱。首先,适龄农村留守儿童的父母或者其他法定监护人无正当理由未依法送适龄儿童入学接受义务教育本身不会违反《治安管理处罚法》,因而也不应给予行政处罚。其次,依

---

〔1〕《义务教育法》(主席令第25号,2015年4月24日发布),第5条。
〔2〕《义务教育法》(主席令第25号,2015年4月24日发布),第58条。
〔3〕《未成年人保护法》(主席令第60号,2006年12月29日发布),第62条。

照现有规定，父母不履行保障农村留守儿童入学的义务，承担的法律后果只能是"所在单位或者居民委员会、村民委员会予以劝诫、制止"及"乡镇人民政府或者县级人民政府教育行政部门"的批评及责令限期改正。这种法律后果的威慑力相当弱，对于一些执意拒绝送适龄农村留守儿童入学的父母或者其他法定监护人，根本无法起到遏制作用。所以，修改法律，强化父母义务是农村留守儿童义务教育入学保障制度的关键。

为拒不承担适龄农村留守儿童义务教育入学保障责任的父母或其他监护人设定严格的行政责任。由于拒不承担适龄农村留守儿童义务教育入学保障责任的行为损害了适龄儿童的受教育权，不利于适龄农村留守儿童的健康成长与发展，但不会马上产生严重社会后果，且父母自己也是利益受损者，其根源也往往是认识问题，因此，不宜设定刑事责任。虽然作为利益受损方的农村留守儿童有权提出民事损害之诉，但与中国传统的家庭伦理观念相冲突，因此，很难实施。基于此，设定行政责任是解决父母或其他监护人不履行适龄农村留守儿童义务教育入学保障责任问题的合理选择。当然，选择行政法律手段时也应坚持"由轻到重"、"宁轻勿重"原则。如果发现父母不履行上述义务，首先应给予批评教育，并责令限期改正；如果期限过后仍未改正，或者改正一段时间后又拒绝履行义务，应处以"警告"；如果给予"警告"后仍不改正，或者多次拒绝履行义务，则应处以"罚款"，而且罚款数额应因拒不履行义务时间的延长而逐渐增加，直至父母或其他监护人履行义务。严格的责任必定促使父母或其他监护人履行义务。倘若罚款就能达到目的，那么就不应选择适用更严格的行政处罚形式。

（二）强化政府法律责任

强化政府法律责任是农村留守儿童义务教育入学保障制度的

基础。首先，依法明确规定未履行职责行政机关工作人员的责任。作为农村留守儿童教育保障权的监管机构，各级行政机关及其工作人员是否履行职务或是否严格履行职务，都对农村留守儿童受教育权的实现有影响。如果责任机关工作人员未履行义务，应给予责任人行政处分。教育行政部门接到举报或获得农村留守儿童的父母或其他监护人拒绝承担适龄儿童义务教育入学保障责任的信息后，应依法严格处理，否则，要承担不利的法律后果。其次，修改现有法律的相关条款。根据《义务教育法》第 58 条的规定，如果适龄儿童的父母或者其他法定监护人无正当理由未依法送适龄儿童入学接受义务教育，当地乡镇人民政府或者县级人民政府教育行政部门应当给予批评教育，并责令限期改正。但是该条没有明确乡镇人民政府与县级人民政府教育行政部门履行职责的顺序问题，这容易造成部门推诿。为避免两类行政机关之间的扯皮，法律应明确规定：首先接到举报或获得信息的行政机关应当先履行法律义务；首先接到举报或得到信息的县级人民政府教育行政部门既可以直接行使法律职责，也可委托乡镇人民政府行使法律职责。责任的明确有助于提高行政效率和保障农村留守儿童的入学保障权。

（三）强化社区法律责任

强化社区责任是农村留守儿童义务教育入学保障制度的重要支撑。由于农村留守儿童生活的农村社区接近农村留守儿童的居住地，社区人员比较熟悉农村留守儿童学习和生活情况，由社区管理人员承担农村留守儿童入学保障责任具有一定的合理性。因此，法律应当规定：农村留守儿童所在村民委员会或居民委员会有责任定期了解农村留守儿童的生活与学习情况，一旦发现农村留守儿童未能及时入学或中途退学等情况，应及时告知乡镇人民政府或县级人民政府教育行政主管部门。村民委员会或居民委员会的监督与汇报责任能够比较好地解决乡镇人民政府或县级人民政府教育行政主管部门不能直接、及时获知农村留守儿童教育信息的弊端，对于保障农村留守儿童受教育权比较有利。作为基层自治机构的村民委员会或居民委员会承担的显然是法律委托的行政责任，行政机关当然有责任给予村民委员会或居民委员会相应的工作报酬。该责任专门为作为弱势群体的农村留守儿童而设置，不宜把村民委员会或居民委员会的该项责任扩大到所有农村儿童。如果过度扩张此类责任，将大大增加村民委员会或居民委员会的工作负担和工作压力，还会增强村民委员会或居民委员会的行政化趋势，与村民委员会或居民委员会的"基层自治组织"的性质相背离。社区责任的适度扩大对于维护农村留守儿童的受教育权具有重要价值。

三、农村留守儿童寄宿学校法律制度

为保障农村留守儿童在校期间的学习和生活，应制定《寄宿制学校法》，并使农村留守儿童在寄宿制学校享受到的各种权益法制化。

（一）农村留守儿童优先寄宿法律制度

《寄宿制学校法》应保障农村留守儿童在寄宿学校享有优先寄宿权。优先寄宿权是指农村留守儿童在同等情况下能够先于农村非留守儿童入住寄宿学校并享有相应待遇的权利。父母外出导致法定监护人无法有效履行对农村留守儿童的生活照料和学习指导责任，农村留守儿童成为生活照管和学习引导方面的弱者。寄宿制学校具备一定的生活条件和较好的学习环境，能够弥补缺少父母或其他监护人照管的农村留守儿童的生活及学习方面的不足。尽管优先寄宿权是一种不平等的机会分配，但由于这种分配有利于作为弱者的农村留守儿童而不是作为强者的普通儿童，因此，具有合理性。一个社会体系的正义与否本质上取决于其如何分配基本的权利和义务；由于每个人的幸福都依赖于一个合作体系，因此，利益的分配应当有利于引导每个人加入到该合作体系，包括那些处境较差的人；只要社会与经济的不平等能够给每一个人，尤其是能给那些最少受惠的社会成员带来补偿利益，那么，这种制度安排就是正义的，因为这种制度安排有助于保障那些境况较差的人与天赋较好、社会地位较高的人一块合作。[1]给予农村留守儿童优先寄宿权，不仅能够让其获得良好的发展机会，也可让其具有像其他普通儿童一样的社会参与机会，而这符合人类共同体的"合作性"特征。基于此，给予处于弱势地位的农村留守儿童相对于普通儿童的优先寄宿权具有正当性。优先寄宿法律制度构建的合理性在于农村留守儿童的弱者身份而非年龄，因而，无论义务教育阶段，还是高中阶段，农村留守儿童都依法享有优先寄宿权。

（二）农村留守儿童寄宿学校补贴制度

《寄宿制学校法》应规定政府按照农村留守儿童的人数向寄宿学校发放农村留守儿童寄宿学校补贴。农村留守儿童寄宿学校补贴实质上是政府依照一定标准给予农村留守儿童寄宿学校的经济援助。由于父母的有效照管缺位，农村留守儿童的培养成本高于一般儿童。农村留守儿童寄宿学校补贴就是给予寄宿学校的成本补偿与经济激励，原因如下：首先，寄宿制学校的农村留守儿童增加了教师工作量。教师不仅需要给予农村留守儿童更多的学

---

〔1〕 〔美〕约翰·罗尔斯：《正义论》，何怀宏、何包钢、廖申白译，中国社会科学出版社1988年版，第5、12~13页.

习指导，还要给予其较多的心理关照，以减少家长照管缺失造成的学习和心理波动。其次，寄宿制学校需要在安全等方面付出更多成本。与父母的长期分离导致不少农村留守儿童学习积极性下降，纪律观念比较松弛，安全风险增大，学校不得不通过比较严格的管理和较多的人力投入防范风险。最后，农村留守儿童的数量直接影响着学校的基础设施投入与教职工福利支出。宿舍、食堂的规模及教职工的工资福利与农村留守儿童的多少密切相关。在经济水平较低的西部地区，寄宿生数量的快速增长曾一度使得寄宿制学校的食宿条件下降。因此，在义务教育阶段和高中教育阶段设置农村留守儿童寄宿学校补贴有助于缓解寄宿制学校的运转困难，改善办学条件。但由于寄宿制学校的日常开支主要依靠定期的财政拨款，因此，农村留守儿童寄宿学校补贴只是有助于部分地区改善办学条件。总之，农村留守儿童寄宿学校补贴是对寄宿制学校工作的认可及激励。

《寄宿制学校法》应明确农村留守儿童寄宿学校补贴的发放依据、资金来源和使用方式。首先，农村留守儿童寄宿学校补贴应依照农村留守儿童的数量发放。基于同农村留守儿童教育的相关性，寄宿学校补贴的数量应当与农村留守儿童的多少相挂钩。招收农村留守儿童较多的学校获得的补贴多，反之，则少。这种制度设计不仅应公平，而且应有利于鼓励寄宿学校积极吸收农村留守儿童入学。其次，农村留守儿童寄宿学校补贴资金宜主要由中央政府承担。如此安排的理由之一与前述农村留守儿童生活补贴制度相同。此外，对于中西部地区，由于政府财力有限，不少寄宿学校的运转受到严重影响。因此，政府基于农村留守儿童的数量给予寄宿学校相应的补贴有助于改善寄宿学校的办学条件。最后，农村留守儿童寄宿学校补贴的发放方式应有所限制。寄宿学校补贴应当用于改善教职工的待遇和寄宿学校的伙食条件，不得用于学校的基础建设。其中，不低于80%的费用应按照教职工的工作量公平地支付给全校教职工，以改善教职工的收入，调动教职工的工作积极性。

（三）农村留守儿童寄宿学校生活补贴制度

《寄宿制学校法》应规定向符合条件的农村留守儿童发放农村留守儿童寄宿学校生活补贴。农村留守儿童寄宿学校生活补贴是政府依照一定的标准给予在学校寄宿的农村留守儿童的经济补助。农村留守儿童享有该项待遇有两个原因：其一，农村留守儿童父母外出务工为社会作了贡献。父母外出务工不仅推动了务工地经济社会发展，而且推动了中国城乡一体化进程。生存权因此受到影响的农村留守儿童应当得到补偿。其二，作为弱者的农村留守儿童应当享有受教育期间合理的基本生活水准。寄宿学校的生活费用通常高于家庭。尽管政府为义务教育阶段农村留守儿童提供了一定的寄宿生活补助，但由于国家没有规定具体的标准，经济水平较差的部分地区无法提供充足的寄宿生活费补助。由于政府未能为高中阶段的寄宿生安排生活补助，而农村留守儿童的高中阶段基本生活支出又明显高于义务教育阶段，因此，农村留守儿童的高中阶段的基本生活面临的困难更为突出。鉴于此，不仅应为义务教育阶段农村留守儿童发放寄宿学校生活补贴，更应当为高中阶段的农村留守儿童提供寄宿学校生活补贴，而且高中阶段的补贴水平应高于义务教育阶段。

《寄宿制学校法》应合理设计农村留守儿童寄宿学校生活补贴的发放标准、资金来源与使用方式。首先，按照当地平均生活水平的一定比例设计补助标准。如果寄宿学校处于县城，应当依照当地城镇平均生活水平确定补助标准；如果处于其他乡镇，则按照所处乡镇的平均生活水平确定补助标准。标准确定后，按照一定比例确定每个农村留守儿童的补助数额。由于义务教育阶段的农村留守儿童享有寄宿生活补助，所以，同一地区的高中教育阶段补助比例应高于义务教育阶段。其次，寄宿学校生活补贴的资金也应主要由中央政府负担。目前，义务教育阶段的寄宿生生活费原则上由地方政府负担，但经济困难的西部地区一直有来自中央政府的转移支付。与寄宿学校补贴一样，寄宿学校生活补贴的资金应直接由中央政府承担。再次，寄宿学校生活补贴应直接发放到农村留守儿童。有条件的地方，通过商业银行发到农村留守儿童的卡上；没条件的地方，把现金按时足额发给农村留守儿童。最后，寄宿学校生活补贴不能与农村留守儿童生活补贴重复领取。在寄宿学校期间（包括假期），应当领取寄宿学校生活补贴；不在寄宿学校住宿后的第二个月，应当申请领取农村留守儿童生活补贴，农村留守儿童寄宿学校生活补贴停止发放。

四、农村留守儿童教育补助制度

《义务教育法》、《高级中等教育法》等应当规定国家为农村留守儿童等特殊受教育者提供教育补助的制度。

（一）义务教育阶段教育补助制度

《义务教育法》应规定为义务教育阶段的孤儿、残疾人、城市流动儿童、农村留守儿童等特殊受教育者提供教育补助。这些教育补助主要针对学习资料与学习用品支出。对于义务教育阶段的学生而言，教科书仅仅是其学习资料的一部分；在中国的很多地区，辅导资料的支出远远大于教科书支出。依照国务院规定，政府向贫困家庭学生免费提供教科书；免费提供教科书所需的资金，中西部地区由中央全额承担，东部地区由地方自行承担。[1]
上述制度仅能为部分农村留守儿童提供教育补助，因为只有贫困家庭的农村留守儿童才能够享受到该待遇。另外，享有该待遇者获得的保障程度极为有限，符合条件者仅能免除教科书费用。因此，应当设置补贴力度更大的农村留守儿童义务教育阶段教育补助制度，使大多数处于义务教育阶段的农村留守儿童能够拥有接受正常教育所需的学习资料和学习用品。义务教育阶段农村留守儿童教育补助制度所需资金主要由中央政府与地方政府共同负担。

（二）高中阶段教育补助制度

《高级中等教育法》应当规定高中阶段农村留守儿童教育补助制度。一方面，依法建立高中阶段农村留守儿童学杂费的减免制度。对经济困难的农村留守儿童可实行免除全部学杂费制度；对经济条件一般的农村留守儿童可给予部分学杂费减免待遇。另一方面，应建立对农村留守儿童学习资料与学习用品支出的补助制度。因上述费用减免而减少的收入也由中央财政与地方财政共同负担。

第四节　中国农村留守儿童照管保障法律制度

对作为未成年人的农村留守儿童而言，其基本生活权、健康权、受教育权等基本权利的实现都离不开良好的成年人照管。因而，当父母等监护人缺位时，如何保障农村留守儿童得到有效照管十分重要。基于此，需要研究各类照管方式的优劣，探讨如何

---

〔1〕《关于深化农村义务教育经费保障机制改革的通知》(国发〔2005〕43号)。

保障被照管者正当权益及激励照管者等重要问题。

一、农村留守儿童照管保障法律制度的界定

　　中国农村留守儿童照管保障法律制度是在政府等公共机构支持下为农村留守儿童提供必要生活照料、教育协助和行为引导的生存权保障制度。作为未成年人的农村留守儿童因缺乏成熟的是非观、良好的生活料理能力而需要成年人的引导及照顾。"儿童的第一优先是由他或她的亲生父母照料。"[1]而作为监护人的父母的外出务工使得长期以来形成的稳定、可靠的家庭照管方式发生变化，农村留守儿童的生存权因而受到影响。而代表公共利益的政府等公共机构则有义务确保作为弱者的农村留守儿童得到良好的照管。这也是《儿童权利公约》的基本要求，即，缔约国应采取一切适当措施，保障儿童在被照料时，不受到伤害或凌辱、忽视或照料不周、虐待或剥削等各种形式的身心摧残。[2]对于农村留守儿童而言，获得良好的照管则是其生存权的重要内容；该权利不仅与农村留守儿童的身心健康相关，也影响着其未来的发展。

　　照管保障制度具有相对独立的内涵与外延。首先，照管保障的内容包括对农村留守儿童的照顾和管教。作为未成年人，农村留守儿童不仅无法比较好地照顾自己的衣、食、住、行，很多孩子的学习也需要家长的指导，当然未成年人缺乏健康意识及疾病的预防与治疗知识，因而，如果没有成年人的照管，农村留守儿童的生活与发展将无法获得有效的保障。虽然父母是最佳照顾

---

　　〔1〕《关于儿童保护和儿童福利、特别是国内和国际寄养和收养办法的社会和法律原则宣言》(联合国大会 1986 年 12 月 3 日发布)，第 3 条。
　　〔2〕《儿童权利公约》(联合国大会 1989 年 11 月 20 日发布)，第 19 条。

人，但外出务工导致父母无法承担监护人的职责。替代父母的家庭或机构必须在衣、食、住、行方面及教育和健康领域承担起引导和帮助农村留守儿童的职责。其次，政府等公共机构是照管保障的主要义务承担者。传统的农村留守儿童照管责任者主要是父母，即使父母委托其他家庭或机构承担照管义务，但作为委托方的父母仍然是最终责任的承担者，尤其是，父母要负担农村留守儿童照管的经济成本。作为社会保障制度的农村留守儿童照管保障，其经济支出主要依赖于国家。责任主体由父母转向政府，导致家庭保障向社会保障的变迁。当然，家庭保障责任仍然存在，只是由过去的家庭承担责任的单一制度模式转换成了由家庭与社会共同承担义务的双重制度模式。最后，照管保障的实质是人力资源服务的提供。与基本生活保障不同的是，照管保障是家庭或者机构为农村留守儿童提供的生存服务。基本生活保障制度的实施效果主要看最低生活保障待遇及生活补贴能否公平、合理地支付给农村留守儿童；而照管保障制度的实施效果取决于农村留守儿童的衣、食、住、行是否井然有序，精神状态与健康状况是否良好，学习是否顺利，而这些要素却又很难找到十分精确的评价指标。毕竟，服务的效果难以量化。

照管保障制度可区分为不同类型。首先，根据照管主体的不同，照管保障制度可分为家庭照管保障制度与机构照管保障制度，前者也可称作分散式照管保障制度，后者也可称作集中式照管保障制度。该分类的意义在于：一是主体性质不同。作为家庭照管保障的主体，家庭建立于婚姻、血缘、收养基础之上，亲情是其存续的精神基础。而机构照管主体既可以是事业单位、民办非企业单位，也可以是企业。二是照管成本不同。家庭照管保障的成本比较低，而机构照管保障的成本比较高。由于存在亲情关系，互有法定帮扶义务，拥有稳固的共同利益，因此，家庭成员间合作时的主动性强，协调成本低，服务效益较高。相反，事业单位、民办非企业单位、企业等组织的成员来自不同家庭，其承担的帮扶义务不是天然的而是法律拟制的，因而，相互间的共同利益较少，主动性较差，需要比较高的监管成本，服务效益较低。三是照管效果有别。家庭充满亲情和温暖，农村留守儿童更易于感受到人与人之间的温情，有助于农村留守儿童的精神融入和心理健康。比较而言，各类福利机构能够提供较好的物质保障，却难以提供良好的精神呵护，不利于农村留守儿童的精神健康和长远发展。四是照管数量有别。照管家庭不宜大量接收农村留守儿童，而照管机构则可提供照管较大数量儿童的养育条件。总之，家庭照管制度与机构照管制度各有优缺点，如能有效结合，则有助于顺利解决中国农村留守儿童问题。其次，根据照管内容，照管保障制度可分为基本生活照管保障制度、教育照管保障制度及健康照管保障制度。不同照管保障制度的内容、特点不同。基本生活照管保障侧重于对农村留守儿童的衣、食、住、行给予照顾，教育照管保障则侧重于农村留守儿童的教育引导，健康照管保障则重点对农村留守儿童的疾病预防与治疗提供帮助。此种分类不仅有助于根据需求制定相应的制度，而且有助于形成合理的制度结构。基本生活照管是基础照管，教育照管与健康照管是专项照管，不同照管类型的紧密结合才有助于形成完整的照管保障制度体系。

二、农村留守儿童家庭照管制度

中国应当制定《家庭照管法》，规定家庭照管的类型、内容、政府补贴、照管协议等方面的内容。

（一）家庭照管模式

《家庭照管法》应区分家庭照管的类型。家庭照管是一种比较常见的农村留守儿童照管方式。它可分为单亲照管、亲属照管和非亲属照管三种类型。单亲照管是指父亲或母亲一方照管留守未成年子女的家庭照管方式。父母中的一方外出务工而另一方留在农村照顾未成年子女的情形比较多见。据相关调查，约53.26%的农村留守儿童为单亲照管。[1] 纯粹的单亲照管还是传统的家庭保障方式，只有获得政府援助的单亲照管才具有社会保障属性。而政府给予支持的原因不仅在于单亲农村留守儿童家庭的经济状况大多不好，更在于单亲家庭造成了农村留守儿童亲情的缺失。亲属照管是农村留守儿童家庭照管的另外一种常见方式。亲属照管主要是指农村留守儿童的祖父母、外祖父母、兄姐及留守儿童父母的兄弟姐妹在家中照管农村留守儿童的照管方式。其中，农村留守儿童的祖父母、外祖父母予以照管的方式最为常见。依照相关调查，约32.67%的农村留守儿童与祖父母一起居住。[2] 由于祖父母、外祖父母大多年龄较高，照顾能力较弱；兄姐大多年龄较小，不具备独立的照管能力；其他近亲属则因各有自己的家庭，正处于承担较多家庭责任的阶段，常无力给予农村留守儿童较多照管，因此，该照管模式不太有利于农村留守儿童的健康成长。当然，只有获得政府援助，亲属照管才具有社会保障的属性。非亲属照管是指前述亲属以外的人在家中给予农村留守儿童相应照管的制度。依照相关调查，约10.7%的农

---

〔1〕 全国妇联课题组：《我国农村留守儿童、城乡流动儿童状况研究报告》（2013年5月10日）。

〔2〕 全国妇联课题组：《我国农村留守儿童、城乡流动儿童状况研究报告》（2013年5月10日）。

村留守儿童与父母、祖父母以外的人一起居住。[1] 非亲属照管
又可区分为收费型家庭照管与非收费型家庭照管。收费型家庭照
管向农村留守儿童父母收取一定照管费用，以支持日常开支，并
获取收益；而非收费型家庭照管则主要是基于慈善或友情等因素
而代为照管农村留守儿童的做法。只要融入政府义务，收费型家
庭照管与非收费型家庭照管就都成为一种社会保障制度，农村留
守儿童因此而获得的权利也是社会保障法上的权利。

　　上述各类家庭照管模式对农村留守儿童的成长形成的影响相
差较大。单亲照管优于亲属照管、非亲属照管；而亲属照管与非
亲属照管、收费型非亲属照管与非收费型非亲属照管的优劣则不
好一概而论。尽管有美国研究证明了亲属照管优于陌生家庭照
管，但整体而言，对于那些父母不能照管而又不宜被收养的儿
童，到底由亲属照管，还是由非亲属或机构照管，有不同的看
法。[2] 无论从亲情淡薄，还是从照管能力衡量，不同主体的照
管效果不同。据相关调查，母亲外出，单独与父亲一起居住的农
村留守儿童未按规定接受义务教育的比例最高，达 5.12%；父
亲外出，单独与母亲，或与母亲和祖父母一起居住的，未按规定
接受义务教育的比例均较低，分别为 3.13% 和 3.11%。[3] 这表
明，就对农村留守儿童的教育影响而言，母亲单独照管整体优于
父亲单独照管，父亲或母亲的单亲照管优于祖父母照管。一般而
言，祖父母或外祖父母照管（即祖辈照管）能够投入更多的亲

---

[1]　全国妇联课题组：《我国农村留守儿童、城乡流动儿童状况研究报告》
(2013 年 5 月 10 日)。

[2]　韩晶晶：《儿童福利制度比较研究》，法律出版社 2012 年版，第 125～126
页。

[3]　全国妇联课题组：《我国农村留守儿童、城乡流动儿童状况研究报告》
(2013 年 5 月 10 日)。

情，但年龄较高，自身受教育水平较低。相关调查也证明了这一点：所有隔代照管留守儿童的祖父母，平均年龄为 59.2 岁，56% 的祖父母年龄在 60 岁以下，绝大部分在 50~59 岁之间，甚至有 12% 的祖父母年龄在 50 岁以下；隔代照管农村留守儿童的祖父母的受教育程度很低，绝大部分为小学文化程度，甚至有 8% 的祖父和 25% 的祖母未上过学。[1] 较高年龄的体力局限和较低文化的教育局限都影响了对农村留守儿童的照管效果。而其他近亲属常常既不能投入更多亲情，也无精力照管好农村留守儿童。非收费型非亲属照管尽管减轻了农村留守儿童父母的经济负担，但受托人投入的照管精力也常常有限；整体而言，收费型非亲属照管因收取费用而更能提供周到的照管，对农村留守儿童较为有利。比较而言，很多情形下，收费型非亲属照管是仅次于祖辈照管的照管模式，有时还会优于祖辈照管。

当然，不同照管模式的组合可能会产生优于单一模式的照管效果。单亲照管与祖辈照管的结合、亲属照管与非亲属照管的结合、收费型非亲属照管与其他照管方式的结合等不仅在现实中存在，而且融入政府援助之后，会产生更好的效果。因为不同方式的结合能够扬长避短，进而产生最佳制度优势。

（二）照管内容

《家庭照管法》应明确家庭照管的内容。家庭照管的内容涵盖膳食、个人卫生、心理、教育、健康等方面。不同的照管模式有不同的擅长领域。单亲照管是各类家庭照管中能最全面、最好地为农村留守儿童提供各类所需内容的照顾。毕竟，父亲或母亲

---

[1] 全国妇联课题组：《我国农村留守儿童、城乡流动儿童状况研究报告》（2013 年 5 月 10 日）。

最为熟悉子女的特点和需要，也最愿意投入精力和亲情照顾好自己的未成年子女。特别是，父亲或母亲照管不易产生农村留守儿童心理的不适，也有助于保障学校教育的顺利进行及良好的身体状况。亲属照管与非亲属照管往往只能保障农村留守儿童的饮食、住宿及身体健康，而无法有效避免农村留守儿童心理的波动和学习成绩的下滑。心理和学习问题具有更大的不确定性，需要更多的耐心，也需投入更多精力。父母之外的人很难做到这一点。不同照管方式的结合可在一定程度上克服各个单一模式的不足。其中，祖辈照管与收费型非亲属照管结合不仅有助于保障农村留守儿童的心理健康，也有利于保障农村留守儿童学习的顺利。因为祖父母或外祖父母照顾最具有亲情优势，而收费型非亲属照管则更适于引导农村留守儿童认真学习。综上，农村留守儿童家庭照管涉及的内容非常广泛。

（三）政府资助

《家庭照管法》应规定政府对家庭照管的财政支持制度。政府资助不仅决定农村留守儿童家庭照管制度的社会保障属性，更有助于农村留守儿童照管权的实现。父母外出务工改变了农村留守儿童的生活环境，父母中的一方、亲属及非亲属不得不承担起照管农村留守儿童的责任。作为未成年人的农村留守儿童显然是社会变迁的受害者，一些照管责任承担者也是受牵连者，获得较多经济收入的父母也未必是最终的受益者，但社会却是农村留守儿童父母外出务工的真正获益者。基于此，代表社会的政府应当给予作为利益受损者的农村留守儿童及照管者以相应的弥补。

第一，《家庭照管法》应设立农村留守儿童照管家庭补贴。照管家庭补贴是国家给予照管农村留守儿童的家庭的经济补贴。依照美国《社会保障法》，对于那些暂时不能回归家庭（因为家庭虐待儿童等原因）但又不适合寄养的儿童，可实施家庭长期照管制度，政府为承担长期照管的家庭提供补贴。[1]照管农村留守儿童不仅仅是帮助了农村留守儿童家庭，也是为社会做贡献。各类家庭的照管行为不仅使面临断裂的家庭团结有所加强，也使职业团结、国民团结等得到巩固。给予照管农村留守儿童的家庭相应的援助，就是肯定上述有益于社会的行为，也会给更多的社会成员以激励。不过，这种激励也应与各个家庭的社会贡献相关联。比较而言，实施单亲照管的父母与农村留守儿童具有最紧密的家庭连带关系，单亲照管也最具有法律和道德合理性；由于同农村留守儿童或其父母有婚姻、血缘或收养关系，亲属照管的合理性尽管弱于单亲照管，但也比较强；收费型非亲属照管因收取费用而提高了其正当性；而非收费型非亲属照管则既非因亲情，也非为经济收益，最值得提倡与尊敬。因而，相对而言，非收费型非亲属照管家庭应获得最多的照管家庭补贴，非亲属照管家庭获得照管家庭补贴的额度紧随其后，而单亲照管家庭和收费型非亲属照管家庭获得照管家庭补贴应最少，即，照管家庭补贴对不同的农村留守儿童照管家庭的激励效果不同。

第二，《家庭照管法》应设立农村留守儿童家庭照管生活补贴。家庭照管生活补贴是对农村留守儿童缺少完整家庭照管的弥补。不同类型的家庭照管对作为未成年人的农村留守儿童产生的影响不同，获得家庭照管的生活补贴也应有所不同。单亲照管最为有利，祖辈照管的效果次之，收费型非亲属照管的效果又次之，非祖辈亲属照管与非收费型非亲属照管可能最不利于农村留守儿童的成长。基于此，单亲照管的农村留守儿童获得的家庭照

---

[1] 韩晶晶：《儿童福利制度比较研究》，法律出版社 2012 年版，第 82 页。

管生活补贴应当最少，祖辈照管与收费型非亲属照管的农村留守儿童获得的家庭照管生活补贴应依次增加，非祖辈亲属照管与非收费型非亲属照管的农村留守儿童获得的家庭照管生活补贴最多。家庭照管生活补贴数量的多寡与农村留守儿童获得的家庭照管服务优劣成反比。

总之，家庭照管的特殊性催生了相关补贴制度。如同前述农村留守儿童生活补贴一样，照管家庭补贴与家庭照管生活补贴也应当由中央政府承担。

（四）照管协议

《家庭照管法》还应明确照管协议的格式、主要条款、争议解决等内容。农村留守儿童家庭照管双方应有照管协议。农村留守儿童家庭照管涉及的是同一个家庭的不同成员之间，或几个家庭的成员之间的关系，是私法法律关系主体之间的关系，而公共权力的介入使得这些家庭成员转换成社会法法律关系的主体。无论是经济实力，还是社会地位，农村留守儿童及其家庭与提供照管保障的家庭及其成员之间往往难分伯仲，相对于城市中的儿童及其家庭，他们都是弱者。为保护作为弱者的农村留守儿童及其家庭，同一个家庭的不同成员之间，或几个不同家庭及其成员之间实现了"弱弱联合"。这种联合建立于照管协议基础之上。不过，照管协议不一定都采用书面形式。如果是同一家庭成员，达成口头协议即可，而不同家庭的成员之间应达成书面形式的协议。家庭成员之间委托与被委托关系不容易产生歧义，而且依照社会传统，家庭成员间不习惯于签订协议。不同家庭的人员之间容易产生争执，如没有协议不仅难以在出现争议时界清权利义务，而且也无法为政府支付照管家庭补贴提供有效证据。尤其是，收费型非亲属照管模式更容易产生争议，只有书面合同才有助于定分止争。

家庭照管协议也应受制于国家的强行法。由于单亲照管、家属照管及非收费型非家属照管中的照管方完全义务承担照管责任，国家对其限制不多。不过，由于政府为其提供了照管家庭补贴，照管方也须遵循基本的照管规则，确保照管的内容比较全面、方式比较合理。收费型非家属照管中的照管方因有权获得合理收益而应承担较多的强制性责任。其不仅应确保照管的内容符合国家规定、照管方式科学合理，而且收费要合理，并经过批准。因为收费意味着服务的市场化和营利性，市场监管部门因而有权实施监管。只有符合国家规定，家庭照管协议才具有合法性，照管行为才具有正当性。

三、农村留守儿童机构照管制度

中国应当制定《社会机构照管法》，规定机构照管的类型、内容、政府补贴、照管协议等方面的内容。

（一）照管保障模式

《社会机构照管法》应区分不同社会照管机构的组织形式。根据不同标准，农村留守儿童机构照管保障制度可区分为不同模式。通过对照管保障的类型化研究，不仅可以发现不同模式的优势和劣势，更有助于寻找有效的模式组合。

第一，按照机构出资方式，农村留守儿童机构照管保障制度可分为公办非营利模式、民办非营利模式、民办合理回报模式、民办（包括建立股份制企业及境外资本组建合资、合作、独资企业）营利模式。其中，公办非营利模式在中国计划经济时期几乎是主导性的儿童福利机构形式，而且目前仍然是中国儿童福利机构的主要形式。这种模式的机构由国有或集体单位出资组建，以非营利方式运营，国家给予其税收、土地使用、财政补贴等各种政策支持，性质上属于事业单位，由民政部门管理。该类机构在城市的布局比较合理，类型较多，一般称作"社会福利院"、"儿童福利院"、"残疾儿童康复中心"；农村地区的数量少，类型也不多，有些地方甚至把儿童安置于敬老院。民办非营利模式在中国计划经济时期主要是宗教与慈善机构举办的福利机构，改革开放后表现为一些企业事业单位与个人出资兴办的不要求获取任何合理回报的福利机构。此类机构在法律上被称为民办非企业单位，登记管理机构是政府民政部门。民办合理回报模式也出现于改革开放后，其主要特点是作为出资人的组织或个人能够获得合理回报。尽管法律与政策都不允许该机构以"营利性"面目出现，但"能够取得合理回报"使得此种儿童福利机构类似于营利性儿童福利机构。一方面，相对于营利性儿童福利机构，非营利性的特征使得该类机构能够较多地获得政府给予的税收、补贴、土地等方面的优惠政策；另一方面，相对于民办非回报儿童福利机构，"能够取得合理回报"的特征使得该机构的出资人有机会回收投资。民办营利模式尚未被明确运用于包括农村留守儿童在内的儿童福利事业。目前，民政部在《关于鼓励和引导民间资本进入养老服务领域的实施意见》（民发［2012］129号）中已经明确，民间资本既可投资设立民办非企业式（非营利型）的老年服务机构，也可投资设立企业式（营利型）的老年服务机构。由于"鼓励民间资本参与发展社会福利事业"已经成为国务院《关于鼓励和引导民间投资健康发展的若干意见》（国发［2010］13号）的既定方针，所以，经过养老服务领域的实践，在包括农村留守儿童照管在内的儿童福利领域实施营利型儿童福利机构模式为时不远。

上述四种模式各有优劣。第一种模式过度倚重于国家，实践证明，过度依赖该模式，容易产生资金匮乏、机构数量不足、服务质量不高的问题。第二种与第三种模式就是在第一种模式日益显现出其不足的情形下逐步发展起来的。但对于那些想通过社会福利领域的市场化投资获得较为理想的经济回报的投资者而言，第二种与第三种模式仍无法充分满足其需求。总的来看，儿童福利领域的适度市场化既可减轻政府的服务压力，又能适应社会的正当服务需求，还可为社会资金找到合理收益途径。这种服务模式在农村留守儿童照管领域具有更大的适用性，原因如下：一则，农村留守儿童的父母在外务工，有一定的经济收入；二则，国家可给予适当的资助。对于部分找不到合适照管家庭的父母收入较高的农村留守儿童而言，营利型照管机构也是一种不错的选择。因此，国家应当在实践中逐步完善法律，构筑合理的儿童福利机构制度，以便为包括农村留守儿童在内的各类儿童提供更多的选择。

第二，根据照管保障时间，照管保障还可分为长期照管、短期照管、临时照管及专项照管。其中长期照管又可分为年照管、季照管；短期照管可分为月照管、周照管；临时照管还可分为日间照管、夜间照管、全天照管；专项照管可分为膳食照管、卫生照管、教育照管、健康照管等。具体类型可由农村留守儿童的父母与照管机构协商确定。对于营利性照管机构和合理回报照管机构而言，它们倾向于接受长期照管模式，且常对选择短期照管、临时照管及专项照管的农村留守儿童收取较高的费用；而对于非营利性照管机构而言，它们倾向于接受短期照管、临时照管和专项照管模式。

其实，上述两种分类只是角度不同。实践中，两种方式常常结合运用，而不是分别实施。

（二）照管保障内容

《社会机构照管法》应把社会机构照管的内容类型化。儿童福利机构为农村留守儿童提供的照管保障包括膳食服务、护理服务、健康服务、心理服务和教育服务。其一是膳食服务。农村留守儿童所在福利机构的食堂应获得卫生许可证，并配备具有相应资格证书的厨师，能根据不同农村留守儿童的年龄、身体状况制作相应的食物。农村留守儿童食物应结构合理、卫生、安全。对于婴儿和幼儿，应按照规定提供奶制品。农村留守儿童饮食配置要尊重少数民族习惯。其二是护理服务。护理服务因农村留守儿童的年龄和健康而异。年龄小及健康状况较差的农村留守儿童需要提供较为复杂的护理服务。一般而言，饮食与衣着照顾、房间卫生、床铺的整理与清洗、个人卫生等是农村留守儿童护理的基本项目。儿童福利机构应设立 24 小时值班制度，以应对个别农村留守儿童出现的紧急情况。其三是健康服务。儿童福利机构不仅应制定环境卫生制度，重视疾病预防知识的宣传与教育，而且应有儿童疾病应对预案，以保障农村留守儿童患病后能够得到及时治疗。其四是心理服务。对于不同年龄段的农村留守儿童，应给予不同的针对性心理服务。对于婴幼儿，要有特定的爱抚动作及言语交流，以营造温馨的成长环境。对于刚入学的农村留守儿童，要提供入学前后的心理辅导，及时发现其心理波动并给予相应引导，提高其对学校教育的适应性。心理照顾与辅导具有长期性，更需要机构照管人员的耐心与细致。其五是教育服务。尽管学校教育的责任主要由各类教育机构承担，但离不开农村留守儿童照管机构的密切配合。替代父母承担义务的照管机构必须确保身体条件良好的农村留守儿童接受九年制义务教育。对于学龄前农村留守儿童，照管机构应制定日常教育计划，让儿童在轻松生活中获得成长所需的各类知识；对于身体残疾的农村留守儿童，专门性社会福利机构应把国家的基本教育方针贯彻于日常工作之中。总之，照管保障应全面、规范、认真、深入。

（三）政府资助

《社会机构照管法》应明确政府对社会照管机构的资助责任。政府资助决定了照管保障的社会保障性质。无论是采取何种照管保障模式，也无论保障内容如何，如果没有政府的资助，就是家庭保障或社会慈善。政府资助意味着农村留守儿童生存保障的义务承担者不再局限于家庭，各类社会主体也借助国家机构及公共财政体制参与了制度安排，即保障机制具有了社会化特征。农村留守儿童照管保障制度经济基础的社会化强化了保障的稳定性、可靠性、可持续性。

第一，《社会机构照管法》应当设置农村留守儿童照管机构补贴。照管机构补贴是指那些收留并养育农村留守儿童的儿童福利机构可以获得的经济补贴。作为对照管机构的激励手段，该补贴可弥补照管机构收养农村留守儿童的支出，有助于改善照管机构的养育条件。不过，不同类型的照管机构获得机构补贴的额度应有所区别。从非营利性机构，到获取合理回报机构，再至营利性机构，照管机构补贴应逐渐减少。这与三类机构的社会贡献度相关。非营利性机构不以获得投资收益为目标，全部出资都着眼于儿童社会福利，最值得提倡与鼓励，所以，补贴最高。营利性机构在为农村留守儿童提供照管保障的同时也获得投资收益，所实施的基本上是一种市场化行为。尽管如此，营利性机构满足了部分农村留守儿童家庭的合理需求，为社会作出了一定贡献，因此，也应获得相应政府资助，但额度应该比较低。获取合理回报的农村留守儿童照管机构虽然没有以获取利润作为投资目的，但也希望取得合理投资回报，其社会贡献度介于营利性机构与非营利性机构之间，获得的照管机构补贴应高于营利性照管机构，但低于非营利性照管机构。总之，照管机构补贴的额度应结合农村留守儿童照管机构的性质。

第二，《社会机构照管法》应设置农村留守儿童机构照管生活补贴。机构照管生活补贴是给予被福利机构照管的农村留守儿童的生活补贴。相对于父母照管和家庭照管，机构照管的亲情不浓，缺少家庭气氛，不太有利于农村留守儿童的心理健康，对农村留守儿童的成长及发育不利。机构照管生活补贴就是为弥补机构照管对农村留守儿童的不利影响而设置。由于不同类型儿童福利机构对农村留守儿童的影响有差异，相应地，机构照管生活补贴也应有所区别。营利性儿童福利机构不仅商业气氛较浓，而且向农村留守儿童父母收取的费用也较高，被收养于其中的农村留守儿童的机构照管生活补贴应高一点；非营利性儿童福利机构家庭氛围较浓，向农村留守儿童父母收取的费用也较低，被收养于其中的农村留守儿童的机构照管生活补贴可适当降低；同样地，被养育于获取合理回报儿童福利机构的农村留守儿童应该领取的机构照管生活补贴的额度应该介于前两类机构之间。综上，照管机构生活补贴的额度也应结合对被收养于不同类型儿童福利机构的性质、农村留守儿童家庭的成本支出等。

第三，《社会机构照管法》规定的其他政府支持政策。除了上述专项补贴外，政府还可提供多种优惠政策，其中包括税收优惠、投资、金融等。对于非营利性儿童福利机构依法给予的优惠应多于营利性儿童福利机构。

综上，农村留守儿童的相对弱者身份催生了农村留守儿童机构照管制度及照管机构补贴、机构照管生活补贴等多项政府资助制度。如同前述农村留守儿童生活补贴一样，与农村留守儿童机构照管相关的各项资助制度的资金由中央政府承担更具有合理性。

（四）服务协议

《社会机构照管法》应明确机构照管协议的类型、主要条款及争议解决方式。儿童福利照管机构应当与农村留守儿童父母签订书面照管服务协议。无论是非营利性照管服务机构，还是营利性照管服务机构，作为照管服务的提供方与农村留守儿童父母是平等的民事法律主体。政府资助表明农村留守儿童照管保障的社会保障属性，但并不表明政府为农村留守儿童所有的照管服务买单，更不表明政府直接向农村留守儿童提供照管服务。政府通过提供照管机构补贴确立了各个儿童福利机构提供照管服务的资格，通过给予机构照管生活补贴确认了农村留守儿童选择照管服务的权利。既然提供照管服务的儿童福利机构不具有唯一性，那么照管服务提供者与农村留守儿童父母之间就有了选择和协商的自由，照管服务协议也就成为明确双方权利、减少争议、降低交易成本的重要保障。

照管服务协议是一种受到政府严格监管的市场契约。尽管农村留守儿童父母与儿童福利机构之间可以就照管服务的价格、内容、方式等进行协商，但并不是完全自由的协商，而是严格受制于公权力的协商。这主要基于两个原因：一是契约双方力量的强弱对比显著。农村留守儿童及其父母是社会弱者，作为服务提供方的儿童福利机构具有信息、资源等优势，双方在照管服务谈判中地位不可能平等。为了保障作为弱者的农村留守儿童在照管服务中的合理利益与正当权利，法律必须对照管服务协议作出适当限制。从照管服务价格、照管服务内容到照管服务方式，法律应当规定有助于保障农村留守儿童基本利益的底线。双方的谈判不能突破底线，否则合同无效。这种制度安排可防止作为弱者的农村留守儿童及其父母在谈判中被迫放弃自己的利益。简而言之，照管保障制度就是为了保障作为弱者的农村留守儿童的权利而设计。二是政府给予了儿童福利机构各种资助。既然政府承担了儿童福利机构的部分费用，减轻了其运营负担，儿童福利机构就有义务承受来自政府的限制。儿童福利机构在提供农村留守儿童照管服务时更应当接受政府的指导，给予作为弱者的农村留守儿童以合理的利益输送。基于以上两点，农村留守儿童照管保障制度中的政府介入确保了照管契约双方之间强弱的平衡、利益的均衡。

| 第四章 |

中国农村留守儿童社会保障
法律的完善建议

中国儿童社会保障领域不仅缺乏基本法和体系化的单项法，也几乎没有国家最高立法机关制定的法律，常见的是各级政府主管部门颁布的规章和政策。法律的零散杂乱和缺失导致农村留守儿童等弱势群体的社会保险、社会救助、社会福利等方面的基本原则和基本制度处于空白状态，农村留守儿童社会保障权赖以存在的基础非常脆弱。要实现农村留守儿童社会保障权，必须完善相应的法律并修补残缺的制度。

第一节　构建中国农村留守儿童社会保障基本法规范

农村留守儿童社会保障基本法是农村留守儿童社会保障权实现的制度基础。尽管目前看来没有必要为中国农村留守儿童社会保障问题制定专门的基本法和单行法，但这并不影响作为一个法律部门的农村留守儿童社会保障法的形成、存在和发展，因为法律部门是同一类有内在联系的法律规范的集合体，而不是有内在联系的同类法律文件的有机组合。无论是否专门制定基本法和单行法，只要是独立的法律部门，都可为该法律部门设置基本法规范和单行法规范。尽管中国已颁布《社会保险法》、《未成年人保护法》等一系列维护儿童权益的法律，但规范儿童社会保险权、儿童社会救助权、儿童社会福利权的系统性的国家法律尚付阙如。作为困境儿童之一的农村留守儿童的社会保障权益更是缺少系统、有效的基本法律规范的保障，这严重制约了农村留守儿童社会保障权的有效实现。因此，应适时制定作为基本法的《儿童社会保障法》,[1] 并设置"总则"、"基本生活保障"、"健康保障"、"教育保障"、"照管保障"、"保障基金"、"保障经办"、"保障监管"、"法律责任"等章，同时依托该法确立农村留守儿童社会保障基本法规范。

一、确立农村留守儿童社会保障基本法规范的合理性

确立农村留守儿童社会保障基本法规范符合基本法构建规律。《儿童社会保障法》是儿童社会保障领域的基本法，统领各类儿童社会保障法。儿童社会保障领域的单行法可有不同的分类，按照保障方式可分为《儿童救助法》、《儿童福利法》、《儿童社会保险法》；按照保障内容可分为《基本生活保障法》、《健康保障法》、《教育保障法》、《照管保障法》等；按照主体可分为《普通儿童社会保障法》和《特殊儿童社会保障法》（其中，《特殊儿童社会保障法》还可细分为《孤儿社会保障法》、《流动儿童社会保障法》、《留守儿童社会保障法》、《残疾儿童社会保

---

〔1〕 本书所说的《儿童社会保障法》相当于一些学者们呼吁制定的《儿童福利法》。本书之所以把该法律称作《儿童社会保障法》，而非《儿童福利法》，主要理由为：首先，我国大陆法学界的主流观点皆从广义角度界定"社会保障"一词，认为"社会保障"涵盖"社会保险"、"社会救助"、"社会福利"等领域。这也可从已颁布的《社会保险法》、《社会救助暂行办法》等的名称中看出端倪。其次，保障儿童生存权的主要方式是社会救助、社会福利，但也有社会保险。综上，该基本法不宜称作《儿童福利法》。

障法》等)。作为基本法,《儿童社会保障法》统领单行法的主要方式是把单行法的基本精神浓缩为少量法律规范,依照一定的规则予以体系化。作为儿童类型之一的农村留守儿童,其社会保障的法制化不仅理所当然,也迫在眉睫。因而,把农村留守儿童社会保障法律制度的精神转化为具体的法律规范,并内置于《儿童社会保障法》,能够确保基本法体系完整,逻辑严密,也能增强基本法的权威性和可执行性。缺少农村留守儿童社会保障基本法规范的《儿童社会保障法》不仅结构残缺,效力也必将削弱。农村留守儿童社会保障基本规范既是农村留守儿童社会保障权的重要依托,也是作为基本法的《儿童社会保障法》的基本构成要素。

确立农村留守儿童社会保障基本法规范符合单行法构建规律。农村留守儿童社会保障问题涉及基本生活保障、健康保障、教育保障、照管保障等。不同保障涉及不同领域,解决问题所依赖的法律规范范围很广,因而很难依托某一类法律规范得以解决。可行的制度安排是不同类型的保障要与相应法律规范相结合,形成各类农村留守儿童社会保障法律规范群。由于各类社会保障法律规范群都是围绕同一类主体,即农村留守儿童,这些规范之间必然存在相通性、关联性。如果没有统领性的基本法律规范,各领域的法律规范群将会出现不协调的问题,甚至是规范冲突,这必然不利于农村留守儿童社会保障权的实现。《儿童社会保障法》中的农村留守儿童社会保障基本法规范则可保障各类规范群的一致性、衔接性、系统性,有利于形成农村留守儿童社会保障法律体系。汉斯·凯尔森(Hans Kelsen)认为,法律秩序"是一个不同级的诸规范的等级体系",它"不是一个相互对等的、如同在同一平面上并立的诸规范的体系",而是"高级规范"决定和产生"低级规范"的"等级体系"。[1]农村留守儿童社会保障基本法规范就是相对于单行规范群的"高级规范",前者是后者效力的渊源,并使后者始终处于相同原则和理念的指引之下,确保后者产生最强的规范力。

确立农村留守儿童社会保障基本法规范有助于法律理念的贯彻。法律理念源于法律规范,高于法律规范。法律理念是对法律规范核心思想的提炼和升华。每个部门法的基本法规范都应当确立其法律理念。G. W. F. 黑格尔(G. W. F. Hegel)认为,"法的理念","即法的概念及其现实化。"[2]他还说,"概念"是"理念发展的一个环节","概念在它现实化过程中会采取一系列的形态,这些形态也同样是理念发展的内在环节。"[3]黑格尔把理念看作是对概念的现实化过程的一种概括,同理,法的理念也可被看作是对法的概念的现实化过程的概括。法的概念的现实化其实就是法的目的实现的过程。史尚宽说:"法律制定及运用之最高原理,谓之法律之理念";"法律之理念,为法律的目的及手段之指导原则。"[4]在史尚宽看来,法律理念是有关法律目的及实现法律目的的手段的基本观念。应当说,黑格尔与史尚宽先生有关法的理念的观点非常接近。如果把法的目的作为起点,法律的实现作为终点,二人把法的理念看作关于如何从起点到终点的

---

〔1〕 [奥] 汉斯·凯尔森:《法与国家的一般理论》,沈宗灵译,中国大百科全书出版社 1996 年版,第 141 页。

〔2〕 [德] 黑格尔:《法哲学原理》,杨东柱、尹建军、王哲编译,北京出版社 2007 年版,第 1 页。

〔3〕 [德] 黑格尔:《法哲学原理》,杨东柱、尹建军、王哲编译,北京出版社 2007 年版,第 1 页。

〔4〕 史尚宽:"法律之理念与经验主义法学之综合",载刁荣华主编:《中西法律思想论集》,台湾汉林出版社 1984 年版,第 259、263 页。

最高层次的主观概括。依此而言，法的理念是连接立法、司法、执法和守法的基本观念，也是连接静态法和动态法的红线，更是贯穿法律概念、法律原则和法律规则并进而整合所有法律规范的主观依据。《儿童社会保障法》确立的农村留守儿童社会保障基本法理念不仅是基本法规范各部分之间的连接凭依，也是基本法规范和单行法规范之间的连接依据。无论是由"低级规范"向"高级规范"演进的过程，还是由"高级规范"创制"低级规范"的过程，都是法律理念引导和作用的过程。依托法的理念，农村留守儿童社会保障法中的"高级规范"与"低级规范"能够得以一体化、系统化。农村留守儿童社会保障基本法规范的确立必然伴随农村留守儿童社会保障法的理念的被应用和被检验，农村留守儿童社会保障基本法规范的确立过程也是农村留守儿童社会保障法的理念日益清晰的过程。由于法律规范的确立不仅是立法人员的事，专家和社会公众也往往参与其中，所以，农村留守儿童社会保障基本法规范的确立也是农村留守儿童社会保障法的理念在相关社会成员间传播的极好契机。

二、农村留守儿童社会保障基本法规范的外部结构

农村留守儿童社会保障问题只是中国儿童社会保障问题的一部分，也是中国社会保障问题的一个小分支，因此，农村留守儿童社会保障基本法规范不仅不能孤立于《儿童社会保障法》中的其他规范，也无法切断与其他中国诸多法律规范的关联。创新立法理念，审慎地处理好与其他相关法律规范的关系，是制定有效农村留守儿童社会保障基本法规范的基本要求。

（一）与宪法规范的关系

作为根本大法的《宪法》是制定农村留守儿童社会保障基本法规范的最高法律依据。中国《宪法》尽管没有直接规定关

于农村留守儿童或弱势儿童的社会保障问题，但各类间接条款却相当丰富。《宪法》不仅提纲挈领地规定了尊重和保障人权、保护儿童及构建与经济发展水平相适应的社会保障制度的国家责任，而且还比较具体地确立了人民的健康权、教育权、物质受助权等。这些宪法规范应当具体化为《儿童社会保障法》中的农村留守儿童社会保障基本法规范，转化为保护作为弱势群体的农村留守儿童的具体规则。宪法规范作为一般法的立法原则，必须借助一般法予以实现。无论是把原则定义为"最佳化命令"，还是"被最佳化命令"，都"应当"被以"最高的程度"实现。[1]如果说，国家是主权的主体，法律是主权者的命令，[2]则宪法就是作为主权者的国家的最高命令。作为最高法律原则的宪法规范的实现理应得到国家权力的支持。依此言之，农村留守儿童的健康权、教育权、物质受助权等的实现不应永远停留于宪法规范层面，而应被强制转化为具体的可实施的法律规则；尊重和保障人权、保护儿童及构建与经济发展水平相适应的社会保障制度的责任不仅仅是国家的被动义务，而应成为国家内在职责的实现形式。如果弱势儿童特别保护条款能在《宪法》的未来修订中得以明确，则农村留守儿童社会保障基本法规范就会有更为直接的宪法依据。

（二）与社会保障法律规范的关系

中国尚未制定社会保障法法典或基本法。基于社会保险是解决社会保障问题最重要手段的认识，中国首先在社会保险领域制

---

〔1〕 ［德］罗伯特·阿列克西：《法：作为理性的制度化》，雷磊编译，中国法制出版社 2012 年版，第 142 页。

〔2〕 ［英］丹尼斯·罗伊德：《法律的理念》，张茂柏译，新星出版社 2005 年版，第 137、139 页。

定了较为完善的政策与法律。能为农村留守儿童社会保障提供规范支持的是作为社会保险领域基本法的《社会保险法》。《社会保险法》虽未就儿童社会保险问题设定基本规范，但却专条规定了"新农合制度"，并授权国务院制定管理办法。尽管全国性的"新农合制度"仍然停留在国务院政策的层次，但制度的保障水平却不断推进，为农村留守儿童医疗保障法律规范及农村留守儿童社会保障基本法规范的制定积累了较好的实践经验和规范基础。农村社会救助制度起步相当早，但法制化水平比较低。国务院制定的《五保工作条例》、《社会救助暂行办法》及民政部制定的《最低生活保障审核审批办法》是保障农村留守儿童社会救助权的直接法律依据。不管是生活救助、医疗救助，还是教育救助，基本都可从这些法律法规中找到一定的依据。与农村留守儿童相关的社会福利法律法规主要是民政部颁布的《社会福利机构管理暂行办法》、《民政部本级福利彩票公益金使用管理暂行办法》、《志愿服务记录办法》，而事关农村留守儿童社会福利内容的主要依据则是《关于开展适度普惠型儿童福利制度建设试点工作的通知》等各类政策。社会保障领域的法律和政策尽管位阶比较低、不系统、不完善，但却是提炼农村留守儿童社会保障基本法规范的起点、材料和重要参照。现有法律和政策的整理和升华是制度规范力提高的路径，也是农村留守儿童社会保障问题得以化解的重要条件。

（三）与教育法律规范的关系

与农村留守儿童相关的教育法律规范框架已初步形成。中国教育领域的主要法律有《教育法》、《义务教育法》、《高等教育法》、《民办教育促进法》、《民办教育促进法实施条例》等。作为基本法的《教育法》在重申受教育权的基础上规定了适用于农村留守儿童的学前教育、基础教育、中等教育、高等教育等基本教育制度，并突出了九年制义务教育制度及政府、监护人等的基本义务；同时，该法不仅规定了国家资助经济困难未成年人接受教育的义务和方式，还规定了国家的财政保障义务。对农村留守儿童影响比较大的《义务教育法》则把义务教育定位为"国家必须予以保障的公益性事业"，明确了义务教育"不收学费、杂费"的基本特征。特别是，该法比较详细地规定了未成年人就近接受义务教育原则和异地平等接受义务教育原则及寄宿制学校制度、经费保障制度等。《高等教育法》则为少数优秀留守儿童提前接受高等教育提供了法律保障。《民办教育促进法》和《民办教育促进法实施条例》为农村留守儿童教育途径的多样化提供了制度保障。各类教育法律规范为农村留守儿童教育提供了原则和制度基础，是农村留守儿童社会保障基本法规范的重要法律渊源。如果《学前教育法》和《中等教育法》能够及早制定，从学前教育、基础教育、初等教育、中等教育，到高等教育，各个阶段都将有法可依，这不仅有助于保障农村留守儿童的受教育权，而且，《儿童社会保障法》中农村留守儿童教育保障基本法规范的实施基础也将更为厚重。

（四）与健康保障法律规范的关系

与农村留守儿童关系比较密切的健康保障法律并不多。中国颁布的大量医疗领域的法律[1]已经成为健康保障制度的基础。但是，健康保障毕竟是社会保障，部分医疗法律规范主要规定健

---

〔1〕 中国有关健康领域的法律主要有《药品管理法》、《传染病防治法》、《执业医师法》、《精神卫生法》、《护士管理办法》、《医疗事故处理条例》、《医疗机构管理条例》、《乡村医生从业管理条例》、《医疗器械监督管理条例》、《疫苗流通与预防接种管理条例》、《突发性公共卫生事件应急条例》等。

康保障的技术条件，并不能作为健康保障制度的核心内容。当然，也有部分医疗法律规范与健康保障的关系密切，可以作为农村留守儿童健康保障制度的基础规范，其中包括《乡村医生从业管理条例》、《精神卫生法》、《传染病防治法》、《疫苗流通与预防接种管理条例》等法律之中的相当一部分规范。目前，与农村留守儿童健康保障关系最为密切的当属中央和地方政府颁布的有关新农合的政策、地方法规、地方规章。提升新农合制度的法制化水平，有助于夯实农村留守儿童健康保障的基础，也可直接支撑《儿童社会保障法》中农村留守儿童健康保障基本法规范。

三、农村留守儿童社会保障基本法规范的内部结构

《儿童社会保障法》中的农村留守儿童社会保障基本法规范应包括总则性和分则性两类规范。总则性规范集中于"总则"之中，分则性规范包括"基本生活保障"规范、"健康保障"规范、"教育保障"规范、"照管保障"规范等，分置于分则各章之中。

（一）总则性规范

农村留守儿童社会保障基本法规范的总则部分既可与《儿童社会保障法》的总则性规范合并处理，也可与整个困境儿童的总则性规范相融。总则性规范主要包括立法目的、基本原则、制度框架等。《儿童社会保障法》的核心立法目的应当是保障儿童的生存权和发展权；适用于所有儿童社会保障制度的基本原则应当包括适度保障原则、国家主导原则、儿童利益最大化原则，而适用于特殊儿童社会保障制度的基本原则应为优先保护原则；主要制度包括"基本生活保障"、"健康保障"、"教育保障"、"照管保障"、"保障基金制度"等。其中，基本法的立法目的和基本原则是抽象的法律规则，不仅可把分散的农村留守儿童社会保障

基本法规范及单行法规范整合为一体，指导执法、司法人员和社会公众对农村留守儿童社会保障法律规则的理解，还可弥补法律规范缺漏，让农村留守儿童社会保障法律规范始终保持相对的体系化和完整化。法律原则是抽象的，也是具体的。农村留守儿童社会保障基本法规范中的抽象原则一旦成为保障农村留守儿童社会保障权实现的依据，并让农村留守儿童的生存权从应然变为实然，那么这些原则就如同结构完整的法律规则，不仅可以引导农村留守儿童家庭行使知悉权利、声索权利，还可成为执法和司法的具体依凭。不断付诸实践的原则就是活的法律规则，实践也会让法律原则的内涵更丰富、更确定；悬而不用的原则会淡化、模糊化、弱化蕴含其中的法律精神。农村留守儿童社会保障基本法规范中的原则应当在争取权利的行动中永葆法治的光彩。

（二）基本生活保障基本法规范

应在《儿童社会保障法》中设定农村留守儿童基本生活保障基本法规范。在《儿童社会保障法》的"基本生活保障"一章中设置"特殊儿童[1]基本生活保障"一节，并首先在该节规定各类特殊儿童基本生活保障共有的制度规范，然后依照孤儿、困境儿童、困境家庭儿童、农村留守儿童、城乡流动儿童的类别及特点分别规定各类儿童特有的基本生活保障制度规则。其中，关于农村留守儿童的基本生活保障，可设定下列核心条款："国家保障农村留守儿童的基本生活不低于户籍地的平均生活水平"；

---

[1]　特殊儿童主要指孤儿、困境儿童（包括残疾儿童、重病儿童、流浪儿童三类）、困境家庭儿童（包括父母重度残疾和重病的儿童、父母长期服刑在押或强制戒毒的儿童、父母一方死亡另一方因其他情况无法履行抚养义务和监护责任的儿童、贫困家庭的儿童四类）、农村留守儿童、城乡流动儿童等。上述分类参见《关于开展适度普惠型儿童福利制度建设试点工作的通知》（民函〔2013〕206 号）。

"农村留守儿童家庭应当在户籍地申请最低生活保障待遇";"农村留守儿童最低生活保障资金应当纳入户籍地地方政府的财政预算,中央财政为财政困难地区提供适当补助";"农村留守儿童父母务工地政府和户籍地政府应分别为农村留守儿童提供生活补贴"。上述法律规范立足于农村留守儿童的弱者身份,能够体现出《儿童社会保障法》保护"具体人"权益的突出特征。这些规范尽管为宣示性条款,但它为低位阶法律落实农村留守儿童基本生活保障权奠定了基础。

(三)健康保障基本法规范

应在《儿童社会保障法》中设定农村留守儿童健康保障基本法规范。在《儿童社会保障法》的"健康保障"一章中设置"特殊儿童健康保障"一节,并首先在该节规定各类特殊儿童健康保障共有的制度规范,然后依照孤儿、困境儿童、困境家庭儿童、农村留守儿童、城乡流动儿童的类别及特点分别规定各类儿童特有的健康制度规则。农村留守儿童的"健康保障"的基本法条款应主要有:"建立农村留守儿童疾病预防制度和医疗保障制度";"完善农村留守儿童医疗社会保险、医疗社会救助和医疗社会福利制度";"国家实行适用于农村留守儿童的新型农村合作医疗救助制度"。作为基本法,《儿童社会保障法》的规定尽管简约,但却为各部门法具体规定农村留守儿童的各项健康保障制度奠定了基础。

(四)教育保障基本法规范

应在《儿童社会保障法》中设定农村留守儿童教育保障基本法规范。在《儿童社会保障法》的"教育保障"一章中设置"特殊儿童教育保障"一节,并首先在该节规定各类特殊儿童教育保障共有的制度规范,然后依照孤儿、困境儿童、困境家庭儿童、农村留守儿童、城乡流动儿童的类别及特点分别规定各类儿童特有的教育制度规则。农村留守儿童的"教育保障"的基本法条款应主要有："国家建立儿童教育保障制度"；"国家保障适龄儿童完成九年制义务教育"；"国家鼓励适龄儿童完成高级中等教育"；"国家保障适龄农村留守儿童完成九年制义务教育"；"各级政府支持建立农村寄宿制学校"；"各级政府建立农村留守儿童教育补助制度，以保障其完成义务教育和非义务教育"；"各级政府鼓励学校建立各类制度，以保障在校农村留守儿童的身心健康和学业顺利"。《儿童社会保障法》的教育保障条款不仅为农村留守儿童的受教育权提供法律依据，也为各部门法架构维护农村留守儿童受教育权的具体法律规范奠定了基础。

（五）照管保障基本法规范

应在《儿童社会保障法》中设定农村留守儿童照管保障基本法规范。在《儿童社会保障法》的"照管保障"一章中设置"特殊儿童照管保障"一节，并首先在该节规定各类特殊儿童照管保障共有的制度规范，然后依照孤儿、困境儿童、困境家庭儿童、农村留守儿童、城乡流动儿童的类别及特点分别规定各类儿童特有的照管制度规则。农村留守儿童的"照管保障"的基本法条款应主要有："儿童照管分为家庭照管和机构照管"；"家庭照管包括收费型家庭照管与非收费型家庭照管"；"机构照管包括营利型机构照管与非营利型机构照管"；"国家向照管农村留守儿童的家庭和社会机构分别支付照管家庭补贴和照管机构补贴"；"国家向接受家庭照管和社会机构照管的农村留守儿童分别支付家庭照管生活补贴和机构照管生活补贴"。只有在作为基本法的《儿童社会保障法》中明确农村留守儿童应享有的照管保障类型及内容，才能改变目前农村留守儿童照管保障缺少基本法律依据的状况，农村留守儿童的照管权的实现才有坚实的基础。

（六）其他基本法规范

如前所述，《儿童社会保障法》也应当在"保障基金"、"保障经办"、"保障监督"、"法律责任"各章制定适用于农村留守儿童的基本法规范。其实，不同类型的社会保障制度涉及的"保障基金规则"、"保障经办规则"、"保障监督规则"、"法律责任规则"既有共同之处也有差异。"基本生活保障"、"健康保障"、"教育保障"、"照管保障"四类制度不仅涵盖社会救助、社会福利，还涵盖社会保险，相同与相异规则并存，而这也体现了制度之间的交叉性。相同性是把各类制度组合到一起的黏合剂，相异性则是制度包容性和生命力的基础。

第二节　完善中国农村留守儿童社会保障单行法规范体系

虽然《儿童社会保障法》可以设置大量农村留守儿童社会保障基本法规范，但基本法毕竟不是法典，不能对所有农村留守儿童社会保障事项进行具体规定，难以照顾到社会保障事务的各个领域。前一节也已述及，虽然不需专门制定法典，但不影响农村留守儿童社会保障法成为一个微型部门法，也不妨碍为其制定基本法规范和单行法规范。虽然目前已有不少适用于农村留守儿童社会保障问题的法律规范，但由于绝大多数该类法律规范的制定并非专门着眼于农村留守儿童社会保障问题，因而，此类法律规范缺乏针对性，且数量少，分布散乱，以至于它们根本无法承担起维护农村留守儿童社会保障权的功能。为此，应当根据农村留守儿童社会保障的需求，完善基本生活保障、健康保障、教育保障和照管保障等方面的法律规范，并使之体系化。体系化意味着农村留守儿童社会保障单行法规范的内容更加完整，衔接更加有序，绩效更加突出，农村留守儿童社会保障事务治理的法治化程度更高。

一、农村留守儿童社会保障单行法规范体系化的法律基础

农村留守儿童社会保障基本法规范是农村留守儿童社会保障单行法规范体系化的基础。单行法是基本法的展开，单行法规范是基本法规范的具体化。农村留守儿童社会保障单行法的体系化是实施农村留守儿童社会保障基本法规范的基本路径。农村留守儿童社会保障基本法规范中的基本理念、基本原则和基本规则是农村留守儿童社会保障单行法规范的直接法律渊源。

农村留守儿童社会保障基本法规范可为单行法提供理念基础。如上节所述，法律理念就是关于法律目的如何实现的基本观念。史尚宽说，"法律之理念，为指导法律的意欲，是制定理想的法律及圆满的运用法律之原理。"而所谓"意欲"，是指"意思向一定之目的发动时，伴有达成目的之手段者"。[1]史尚宽还通过与法律概念对比的方式指出了法律理念的特征："'法律之概念，谓法律为何者'，法律之理念谓'法律应如何'"[2]，即，法律理念强调了法律目标或法律内容如何转换为定分止争、保障社会主体权利的手段。《儿童社会保障法》确立的法律目的就是保障儿童的生存权和发展权。《儿童社会保障法》的理念就是有

---

〔1〕　史尚宽："法律之理念与经验主义法学之综合"，载刁荣华主编：《中西法律思想论集》，台湾汉林出版社1984年版，第259、263页。

〔2〕　史尚宽："法律之理念与经验主义法学之综合"，载刁荣华主编：《中西法律思想论集》，台湾汉林出版社1984年版，第259、263页。

关如何实现儿童生存和发展权的基本观点。相应地,农村留守儿童社会保障法理念的实质则是如何实现农村留守儿童生存权和发展权的问题。农村留守儿童单行法规范也必然围绕农村留守儿童生存权和发展权的实现而展开。农村留守儿童的生存和发展问题涉及基本生活、健康、教育、照管四个方面,农村留守儿童社会保障法必须基于上述四方面的问题而进行制度设计,具体落实基本法理念的农村留守儿童社会保障单行法规范也应以此作为制度布局的基点。基本生活保障、健康保障和照管保障制度能够确保农村留守儿童的生存状况达到当地平均生活水准,并使农村留守儿童具备基本的发展条件和能力;教育保障制度则可为农村留守儿童的发展注入知识和智力支持,也为改善其生存条件奠定基础。农村留守儿童社会保障法的理念所试图维护的目的并不能消除单行法规范的立法者之间的争议及阻止执法者、司法者之间的法律适用分歧,更无法保障案件当事人从心底遵从司法机构的裁决,但农村留守儿童社会保障法的目的和理念却把立法者的争议及执法者、司法者之间的分歧限定于一定范围之内,也有助于疏导案件当事人的不满情绪。总之,基本理念不能够解决具体的农村留守儿童社会问题,也不能消弭农村留守儿童社会保障单行法规范体系化过程中所有的宏观问题,但它却能明确体系化的方向,让规范群之间的关系更紧凑,使规范体的结构更加合理和稳定。

农村留守儿童社会保障基本法规范可为单行法提供了原则基础。"原则是超级规则,是制造其他规则的规则,换句话说,是规则模式或模型。"〔1〕《儿童社会保障法》设定的法律原则是农村留守儿童社会保障立法、司法和执法的基本准则，是制定农村留守儿童社会保障单行法的基本依据。无论是适用于所有儿童社会保障法律问题的适度保障原则、国家主导原则、儿童利益最大化原则，还是仅仅适用于特殊儿童社会保障法律问题的优先保护原则，无一不是农村留守儿童社会保障单行法规范的渊源。当然，农村留守儿童社会保障单行法规范可以分为基本生活保障、健康保障、教育保障、照管保障等领域的规范，这些领域的法律规范的有机结合就形成更小的法律部门，每一个法律部门也可设定自己的基本原则和法律规则，而这些次一级的法律原则和规则都必须遵循上述基本原则，体现上述基本原则的精神，不得逾越上述基本原则。部门法可以设定不同于基本法的特别规则，但不能制定与基本法的基本原则相冲突的规则，否则部门法的规则无效，即"'原则'起标准的作用，即使人们用来衡量比它次要的规则的价值和效力的规则。"〔2〕《儿童社会保障法》中的基本原则是农村留守儿童部门法形成的根据和存在的保障，是评判农村留守儿童社会保障单行法规范或者各部门法的原则和规则的标准，也是各部门法单行法规范体系化的依据。尽管"法院并不总是正确地适用原则"，〔3〕但原则的价值并不因此就丧失。原则和普通规则一样会被人不正确地理解和适用，而原则适用中的问题可能比规则更多，毕竟，原则是抽象的规则，它的内涵更广泛，

---

〔1〕〔美〕劳伦斯·M.弗里德曼：《法律制度——从社会科学角度观察》，李琼英、林欣译，中国政法大学出版社2004年版，第47页。

〔2〕〔美〕劳伦斯·M.弗里德曼：《法律制度——从社会科学角度观察》，李琼英、林欣译，中国政法大学出版社2004年版，第46页。

〔3〕〔美〕迈克尔·D.贝勒斯：《法律的原则——一个规范的分析》，张文显等译，中国大百科全书出版社1996年版，第15页。

不确定性更突出。拘束农村留守儿童社会保障部门法（即单行法）的原则和规则的基本原则的效力和地位并不会因为这些原则偶尔不被正确适用而削弱。当然，我们不能把农村留守儿童社会保障基本原则的合理性的根源仅仅局限于其抽象性和不确定性，指向的有效性应当是农村留守儿童社会保障基本原则能够被接纳的实质特征，而指向的有效性意味着它具有证明和判断农村留守儿童社会保障部门法或单行法规范的功能。而正如 H. L. A. 哈特（H. L. A. Hart）所说："既然原则多少都清楚地指向某种意向、目标、权力或价值"，"原则乃是被视为一种值得去追求、去坚持的事物。"[1] 米尔顿·弗里德曼（Milton Friedman）对此也有分析："人们通常把原则说成准则，认为比规则更高、更高贵、更好。一项抽象的声明是否具有这种性质并不因为它是抽象的，而是因为它表达了社会信奉的道德准则。有些原则和规则是这样，有些则不是。是这样的规则事实上控制了规则的使用，即起了标准的作用，成为规则合法化的力量。它告诉我们为什么有些规则比其他规则效力大。"[2]《儿童社会保障法》的基本原则的层级性、抽象性和内在价值决定了其对农村留守儿童社会保障单行法规范的证立功能。

农村留守儿童社会保障基本法规范可为单行法提供了规则性规范[3]基础。农村留守儿童社会保障基本法的理念和原则为农村留守儿童社会保障单行法规范的建立提供了宏观的指向，而农

---

〔1〕 [英] H. L. A. 哈特：《法律的概念》，许家馨、李冠宜译，法律出版社2006年版，第241页。

〔2〕 [美] 劳伦斯·M. 弗里德曼：《法律制度——从社会科学角度观察》，李琼英、林欣译，中国政法大学出版社2004年版，第47页。

〔3〕 本书把法律规范分为原则性规范和规则性规范，规则性规范是指除了原则性规范之外的规范。

村留守儿童社会保障基本法的规则性规范则为单行法规范的建立奠定了比较具体的依据。法律规范是由高级规范和低级规范构成的"等级体系"，较低级的规范由较高级的规范创造或产生。[1]一方面，这种存在决定和被决定关系的等级体系可以保障法律规范体系上下关系的协调。正如凯尔森所说："决定低级规范的高级规范的选择性质就排除了高级规范与低级规范之间的任何实在的矛盾。"[2]也就是说，依照农村留守儿童社会保障基本法规范与据其制定的农村留守儿童社会保障单行法规范即使有冲突，也只会是技术性冲突，构不成"实在"的冲突。而技术性冲突则最终可依照法律的适用规则得以消除，不会影响农村留守儿童社会保障体系的契合度和整体效力。另一方面，法律的"等级体系"特征还可以保障下级规范之间的协调。尽管不如高级规范与低级规范之间的协调性高，不过，下级规范对上级规范的依存性也可大大消弭不同低级规范之间的冲突。如果说农村留守儿童社会保障基本法规范的基本理念和原则性规范从宏观上确保了单行法的规范的衔接和效力，则农村留守儿童社会保障基本法的规则性规范则从微观上保障了的单行法规范具有高度的内在自治性。

二、农村留守儿童社会保障单行法规范体系化的路径

农村留守儿童社会保障基本法规范是农村留守儿童社会保障单行法规范体系化的法律依据，但是单行法规范的整合并不会因此而自动实现。并不鲜见的同一法律部门规范的错乱也表明法律规范的体系化并非是理所当然的"完成式"。要实现农村留守儿

---

〔1〕　［奥］汉斯·凯尔森：《法与国家的一般理论》，沈宗灵译，中国大百科全书出版社1996年版，第193页。

〔2〕　［奥］汉斯·凯尔森：《法与国家的一般理论》，沈宗灵译，中国大百科全书出版社1996年版，第243页。

童社会保障单行法规范的体系化，首选途径是立法规划，其次是逻辑整合。

（一）立法规划

合理的立法规划有助于通过引导立法行为推进法律规范的体系化，减少法律规范冲突，增强法律规范的协调性。虽然不必把农村留守儿童社会保障单行法规范集中于一个或多个法律文件，但仍然可借助立法规划促进其体系化。

农村留守儿童社会保障立法规划仅具有引导性功能。有学者指出，中国长期实行的由人大常委会编制立法规划的做法容易造成对人民代表大会的越权、干预提案主体的提案权、自身执法不严的后果，从而有悖于自身的法律职责及科学立法、民主立法的原则，因而，应改为由提案权主体自己编制立法规划和人大常委会工作机构编制建议性的立法规划。[1] 其实，现行立法规划的弊端的根源在于未能合理确定立法规划的性质，只要改变赋予立法规划法律效力或准法律效力的思路和做法，把立法规划定位为立法参考，立法机关和提案权主体都无必须遵守的义务，即使是人大常委会编制立法规划，也不会产生对人民代表大会越权及对提案权主体干预的嫌疑。农村留守儿童社会保障事务的法律化不仅以社会公众拥有成熟的法律意识为条件，还要以政府财政支付能力、配套制度完备为基础。这就决定了农村留守儿童社会保障事务的立法不可一蹴而就，必须循序渐进，立法规划因而也应当具有弹性，以适应立法进程的变动性和不确定性。提案权机构何时提出农村留守儿童社会保障事务议案、立法机构何时通过议案，不仅取决于前已述及的社会认识、政府财力、制度环境，还

---

[1] 刘松山："立法规划之淡化与反思"，载《政治与法律》2014 年第 12 期。

受制于立法机构组成人员的集体选择，指令性的立法规划并不适应这种复杂的立法机制。总之，立法引导功能的确立将使立法规划融于立法体制，并可使农村留守儿童社会保障立法活动遵循立法规律，符合科学立法和民主立法的原则。

农村留守儿童社会保障立法规划主体应当是享有立法权和立法提案权的国家机构。基于此，农村留守儿童社会保障立法规划主体既可是常设性的立法机构，也可是常设性的立法提案权机构。农村留守儿童社会保障事务既可由最高国家代议机关制定法律，也可由其他国家机关分别制定行政法规、地方性法规、地方规章、自治条例、单行条例。不同类型法律规范的立法主体不同，立法提案权主体也相应存在差异。依照《立法法》规定的立法权限，有关农村留守儿童社会保障事务的法律的制定，应由全国人大常委会行使，而非全国人大；能够提出法律立法案的主体比较多，包括全国人大常委会委员长会议、国务院、中央军事委员会、最高人民法院、最高人民检察院、全国人民代表大会各专门委员会、联名十人以上的常务委员会组成人员。除了不是国家机构的联名十人以上的常务委员会组成人员外，其他上述各类提案权主体都具备编制农村留守儿童社会保障法律的立法规划的基本条件。另外，有关农村留守儿童社会保障事务的行政法规、地方性法规、地方规章、自治条例、单行条例的制定主体和提案权主体也各不相同，适于制定立法规划的主体也有差异。结合享有立法权机构的层次，应当说，编制农村留守儿童社会保障法律的立法规划的主体可分为国家级、省级、设区市级、县级四级；其中，县级立法规划主要适用于具有自治条例和单行条例制定权的自治县。但无论哪一级立法规划，最为合适的编制主体应当是各级人民政府及人大常委会，而国务院和全国人大常委会尤其应当编制农村留守儿童社会保障事务立法规划，理由如下：其一，立法规划的编制主体不宜太多，否则，就会重复和交叉，失去实际价值。其二，农村留守儿童社会保障事务仅是社会保障事务的一部分，而社会保障事务又是政府的当然职责范围，政府制定社会保障事务规划有助于其更好地履行职责，因此，各级政府应当作为农村留守儿童社会保障事务的首要立法规划编制机构。其三，各级人大在汇总本级政府和下级人大编制的社会保障事务立法规划的基础上编制人大及其常委会层次法律的社会保障立法规划，有助于实现整个社会保障事务的体系化。其四，国务院和全国人大常委会的立法规划的层级高，对地方政府和人大的立法规划的指导性比较强，因而，应重点编制国务院和全国人大常委会层次的农村留守儿童社会保障立法规划。

立法规划的计划性和可调试性有助于农村留守儿童社会保障单行法的体系化。"体系化意味着：将所有透过分析而得的法命题加以整合，使之成为相互间逻辑清晰、不会自相矛盾尤其是原则上没有漏洞的规则体系，这样的体系要求所有的可以想见的事实状况全都合乎逻辑地涵摄于体系的某一规范之下，以免事实的秩序缺乏法律的保障。"或者说，体系化就是"借助于逻辑手段，将一个个被承认有效的法律规则统合起来，理性化成为一个毫无内在矛盾的、抽象法命题的综合体"。[1] 立法规划的计划性有助于农村留守儿童社会保障单行法结构的有效形成。"一般来说，体系化主要是将法律素材加以编整的一种外在的规划架

---

[1] [德] 马克斯·韦伯：《法律社会学》，康乐、简惠美译，广西师范大学出版社 2004 年版，第 27 页。

构。"〔1〕结构是指"各个组成部分的搭配和排列"。〔2〕农村留守儿童社会保障单行法结构就是农村留守儿童社会保障单行法的搭配和排列。"由于规范的数量庞杂及其相互关系的复杂性",法律领域的"理论建构不可避免",而只有这样,"法律的稳定适用和法律安全才能得到保障。"〔3〕理论建构就是让法律从结构到内容都具有自洽性。立法规划可以让农村留守儿童社会保障单行法通过有计划的安排实现基本结构的圆融、协调。而自洽的基本结构则为农村留守儿童社会保障单行法的遴选与组合提供基本指向和边界。立法规划的计划性只能提前对法律体系做大体的把控,而对法律规范的精准把握还要依赖于立法规划的可调试性。可调试性意味着立法规划只是"指引",而非"指令";可调试性使得立法规划能够基于时间和条件的变化而有所调整,即,立法规划具有可变性和相对性。立法规划的可调试性让农村留守儿童社会保障单行法的结构更牢固,内容更融洽。综上,立法规划的计划性和可调试性可共同推进农村留守儿童社会保障单行法的体系化。体系化能够达成良好的法律秩序,而这又是国家期盼的结果,因此,体系化符合国家意志。基于此,作为主权者的国家有动力,至少不反对推动构建精微缜密的农村留守儿童社会保障单行法体系。而立法规划又是国家主动推进农村留守儿童社会保障单行法体系化的主要的和有效的手段。立法规划的计划性通过保障农村留守儿童社会保障单行法体系的基本结构的逻辑来贯彻

---

〔1〕 [德] 马克斯·韦伯:《法律社会学》,康乐、简惠美译,广西师范大学出版社 2005 年版,第 27 页。

〔2〕 中国社会科学院语言研究所词典编辑室编:《现代汉语词典》,商务印书馆 1983 年版,第 1129、577 页。

〔3〕 [德] N. 霍恩:《法律科学与法哲学导论》,罗莉译,法律出版社 2005 年版,第 106~107 页。

国家的理念，而立法规划的可调试性则通过保障农村留守儿童社会保障单行法体系的内容不与社会生活脱节而落实国家的意志。依托立法规划，农村留守儿童的基本生活保障规范、健康保障规范、教育保障规范和照管保障规范应分别有意识地被列入儿童的基本生活保障、健康保障、教育保障和照管保障方面的法律之中。规划《儿童社会福利法》、《儿童社会救助法》等法律时，应考虑农村留守儿童基本生活保障法律规范的安排问题；规划《妇女儿童保健法》、《新型农村合作医疗法》、《医疗救助法》等法律时，应考虑农村留守儿童医疗保障法律规范的设计问题；规划《高级中等教育法》、《寄宿制学校法》等法律时，应考虑农村留守儿童教育保障法律规范的安排问题；规划《家庭照管法》、《社会机构照管法》等法律时，应考虑农村留守儿童照管保障法律规范的安排问题。上述安排体现的是立法规划的计划性。一旦社会条件和认识水平发生变化，原有立法规划不适应现实情况，或需要制定的法律无法与原有立法规划保持一致时，就要修改立法规划或根据实践制定农村留守儿童社会保障规范，而这体现的则是立法规划的可调试性。

（二）逻辑整合

逻辑整合是指依照一定的原则把已制定的法律规范统一到一个法律体系中，并通过制定新规范弥补法律体系的缺漏。而归并已有规则和制定新规则都必须依照相应的原则，该原则可称为"承认原则"。"在一个成熟的法体系中，包含着一条承认规则，任何规则都要通过符合该承认规则所提供的判准，才能成为此法体系的一员。"〔1〕即，承认规则是任何一个法律体系的根本性的准入标准，所有的法律体系都是依照其承认规则整合起来的法律规则的有机体。之所以如此，是因为，"承认规则会指出某个或某些特征，如果一个规则具有这个或这些特征，众人就会决定性地把这些特征当作正面指示，确认此规则是该群体的规则，而应由该社会的压力加以支持。"〔2〕特别是，承认规则被政府官员接受应当是法律体系存在的重要条件，即，"法体系当中提供效力判准的承认规则，加上变迁规则与裁判规则，这几种所谓的次级规则必须被政府官员实在地接受，作为衡量官员行动的共同的、公共的标准"，"并且把他自己或他人偏离规则的行为评价为必须被改正的错误"；从某种意义上说，"法体系的统一性与连续性取决于法官对法效力共同标准的接受。"〔3〕农村留守儿童社会保障单行法的体系化也同样离不开相应的承认规则，只有承认规则才能把凌乱的与农村留守儿童社会保障有关的规则纳入统一的体系中，并可引导立法机构制定新规则，以形成完备的法律规范体。社会保障权应当是农村留守儿童社会保障法的基本价值目标，凡是能够维护农村留守儿童社会保障权的法律规范都应纳入农村留守儿童社会保障法的体系之中，并应被赋予法律效力；相应地，凡是能够维护农村留守儿童的基本生活保障权、医疗保障权、教育保障权、照管保障权的法律规范都应分别被纳入农村留守儿童的基本生活保障法、医疗保障法、教育保障法、照管保障

---

〔1〕　[英] H. L. A. 哈特：《法律的概念》，许家馨、李冠宜译，法律出版社 2006 年版，第 104 页。

〔2〕　[英] H. L. A. 哈特：《法律的概念》，许家馨、李冠宜译，法律出版社 2006 年版，第 89 页。

〔3〕　[英] H. L. A. 哈特：《法律的概念》，许家馨、李冠宜译，法律出版社 2006 年版，第 110 页。

法的体系之中，并应被赋予法律效力。

现有法律无法为农村留守儿童基本生活保障法律体系提供充分的素材。依照维护基本生活保障权的判断标准，很难在现有法律中发现适量的农村留守儿童基本生活保障法律规范。我们所能见到的有关农村留守儿童基本生活保障的规范，主要来自中央和地方的一些政策和一些间接性的法律。间接性的法律包括《农村供养工作条例》、《社会救助暂行办法》、《最低生活保障审核审批办法》等，其中的不少规范也适用于维护农村留守儿童基本生活保障权，可归入农村留守儿童基本生活保障法律规范体系。不过，现有间接性规范不仅针对性比较弱，而且非常零散，远不足以充分维护农村留守儿童基本生活保障权，因而，亟需制定针对适用于农村留守儿童的《社会福利法》和《社会救助法》。就农村留守儿童基本生活保障法律规范体系而言，依照维护农村留守儿童基本生活保障权制定的新规范应当是主体，但现有间接性规范可为新规范的起草提供参考，现有中央和地方政策则可作为新法律的重要渊源。作为解决问题手段之一的法律往往是社会对策发展和演变的结果，而社会对策的演绎过程也是公共决策从探索走向成熟的必然环节。法律绩效的达成以相关的公共决策在社会中充分浸润为必要条件。农村留守儿童基本生活保障的政策，特别是务工农民输出大省出台的一些有针对性的政策，是推进农村留守儿童基本生活保障法律体系形成的重要基础。以维护农村留守儿童基本生活保障权为判准，农村留守儿童基本生活保障就会被筛选、提炼、升华为附着国家强制力的法律规范。

农村留守儿童健康保障法律体系也无法通过整合现有法律而形成。正在推进的新农合制度尽管是维护农村留守儿童健康保障权的重要依据，但这些规范仍然主要依托于中央及地方政府的政策，仅部分地区制定了新农合的地方法规和规章。有关农村留守儿童医疗救助的规范几乎都以政策的形式存在。适用于农村留守儿童的疾病预防制度则依托于少量法律和政策。现有政策的法律化和专门化是农村留守儿童健康保障法律体系化的基础。仅有极少量的现有政策和法律是针对农村留守儿童医疗保障权而制定的，且以儿童为适用范围的法律和政策也极少，因此，政策的法律化和专门化必须同时进行。

农村留守儿童教育保障法律体系化有一定的基础。从《教育法》、《义务教育法》到《民办教育促进法》及其实施条例，再至各地颁布的地方法规和规章，适用于农村留守儿童教育保障的法律内容非常丰富。不过，现有法律也不足以形成一个有效维护农村留守儿童教育保障权的法律体系。不仅现有法律需要调整，以强化其维护农村留守儿童教育保障权的力度，且新的法律也要制定，以填补体系性缺漏。其中，《教育法》、《义务教育法》的修订必须提上议事日程，《高级中等教育法》、《寄宿制学校法》的制定也需纳入立法规划，并逐步推进。同样，农村留守儿童教育保障法律体系化的过程也是现有适用于农村留守儿童教育的政策的筛选、提升和规范化过程。

农村留守儿童照管保障法律体系化的现有法律基础比较薄弱。适用于农村留守儿童的中国儿童照管制度不够发达，不仅法律化程度低，而且尚未形成体系。由于经济发展水平的局限，现有照管制度侧重于机构照管，规模较小，保障能力比较有限。规范机构照管的制度主要是政策，相关法律极少。其中，《社会福利机构管理暂行办法》侧重于政府对福利机构的管理，规定的照管对象范围比较窄，缺乏对照管程序、照管方式的详细规范。家庭照管仅零散地分布在少数政策之中，但家庭照管的相对优势则使得强化家庭照管制度及家庭照管制度的法定化成为趋势。中国农村留守儿童问题的核心是照管，弥补农村留守儿童监护人缺失的主要途径是建立照管保障制度。农村留守儿童照管保障的选择首推家庭照管，机构照管是补充。整体来看，农村留守儿童照管保障法律的体系不仅要从已有政策和法律起步，更要从政策与法律的空白点起步。

三、农村留守儿童社会保障单行法规范体系的构建

（一）农村留守儿童最低生活保障法律规范

借助《儿童救助法》和《儿童福利法》细化基本生活保障制度。作为儿童社会保障领域的基本法，《儿童社会保障法》只能对农村留守儿童的最低生活保障制度和生活补贴制度做出概括性规定，只有《儿童救助法》和《儿童福利法》才能对其予以具体化。《儿童救助法》既可按照儿童的类型进行章节设计，也可依照救助类型进行结构安排。在此基础上，要对农村留守儿童的最低生活保障做出具体规定，并以农村留守儿童最低生活保障的资金筹措、申请资格和程序、家庭经济状况调查、民主评议、审核和审批、待遇发放、动态调整等作为规范重点；同时，应规定农村留守儿童等特殊儿童的最低生活保障制度与一般社会保障制度的衔接。《儿童福利法》应对农村留守儿童生活补贴的资金筹措、申请资格和程序、审核和审批、待遇发放等作出规定。

（二）农村留守儿童健康保障法律规范

依托《妇女儿童保健法》确立适用于农村留守儿童的保健制度，即疾病预防制度。中国已制定的《妇幼保健法》仅适用于婚前保健和孕产期保健，既不能为妇女保健提供比较全面的制度依据，也无法构建和实施未成年人疾病预防制度。目前适用于农村留守儿童的疾病预防规范主要是一些缺少稳定性和系统性的

政策。疾病预防制度有利于作为未成年人的农村留守儿童的健康成长，维护其基本生存权。如能把现行的《妇幼保健法》调整为《妇女儿童保健法》，则可为儿童提供从出生到成年之前的全程疾病预防保障。《妇女儿童保健法》不仅应规定法律的基本原则、主管机构、婚前保健、孕产期保健、非孕产期妇女保健、儿童保健等，还要规定儿童疾病预防的基本项目，明确承担疾病预防职责的县级与乡镇级医院应具备的设施及人员条件等，以确保农村留守儿童能够获得应有的基本疾病预防保障。

依托《新型农村合作医疗法》构建农村留守儿童医疗保险规范。新农合的法制化不仅可为成年农村居民提供系统、规范、稳定的基本健康保障，也可让作为未成年人的农村留守儿童获得必要的基本健康保障。随着实践经验的丰富和理论研究的深入，应把现有政策上升为法律，即制定《新型农村合作医疗法》，并在其中设定适用于农村留守儿童的条款。适用于农村留守儿童的条款应主要围绕儿童的特点而设计。这些条款应重点规范儿童所患重大疾病和儿童意外伤害的治疗及费用报销问题。前已述及，有些重大疾病如不及时治疗，要么可能危害儿童生命，要么增加未来的医疗难度和医疗支出；而儿童的年龄和生理、心理特点也决定了儿童意外伤害的频率比成年人高，因此，法律应提供符合农村留守儿童等未成年人特点的制度设计。对此，中央政府已经颁布的政策及一些地区的法律与政策可作为依循的先例。《新型农村合作医疗法》应当在对现有法律和政策进行分析和研究的基础上提出相应的方案。总之，《新型农村合作医疗法》以农村留守儿童等各类儿童的特殊身份为基础，构建适用于农村留守儿童的医疗保障法律规范。

依托《医疗救助法》构建农村留守儿童医疗救助法律制度。

尽管生活救助领域几乎没有最高立法机关制定的法律，但确有一些不系统的行政法规、部门规章、地方法规和规章，勉强实现了"有法可依"。而医疗救助领域则不同，几乎没有行政法规、部门规章、地方法规及规章，能够作为行政依据的主要是一些零星的政策，基本是"无法可依"。这种状态不利于医疗救助的规范和持续开展。这与适用范围比较广泛、资金规模日益壮大的医疗救助实践不匹配，导致救助范围、救助方式、救助重点的地区性差别和时间性差别比较大，救助的公平性、合理性不高，不利于保障包括农村留守儿童在内的救助对象的健康权。为了在医疗救助领域依法行政，应适时由全国人大常委会制定法律，即《医疗救助法》，并设置适用于农村留守儿童的条款，以维护农村留守儿童的医疗救助权。《医疗救助法》应规定医疗救助的原则、资金筹集与管理、申请与批准、医疗救助服务等。其中，不仅应在总则中强调优先给予农村留守儿童、孤儿、残疾人、流动儿童等特殊儿童群体医疗救助，而且在申请和批准程序、医疗救助服务等方面也应做出特殊规定，以利于维护农村留守儿童等特殊对象的健康权。特别是，《医疗救助法》应侧重于保障农村留守儿童的意外伤害与重大疾病的医疗救济。

（三）农村留守儿童教育保障法律规范

在《教育法》中确立弱势儿童教育援助制度。农村留守儿童、城市流动儿童、孤儿等弱势儿童的受教育问题不仅涉及受教育权的实现问题，而且影响到经济社会的进步。在中国经济经过较长时间高速增长、国民收入已有大幅度提高的前提下，强化弱势群体的受教育权既是促进公平、保护人权的需要，也是保障经济社会可持续发展的必要条件。基于此，建议在《教育法》第五章"受教育者"中增加一条，即，"建立弱势儿童教育保障制度，维护孤儿、城市流动儿童、农村留守儿童等特殊儿童的受教育权。"作为教育领域的基本法，《教育法》应确立基本原则和基本制度；而只有借助于教育领域的专门法，《教育法》的基本精神才能具体化，农村留守儿童等特殊群体的受教育权才能实现。

依托《学前教育法》保障农村留守儿童的学前教育权。尽快制定《学前教育法》，为农村学前教育设立倾斜性保障制度，并构建适用于农村留守儿童的特殊儿童学前教育制度。首先，依法确立农村学前教育设施保障制度，确保适龄农村留守儿童能够进入幼儿园接受学前教育。其次，确立责任人的适龄农村留守儿童入园协助义务。适格照管人有义务保障适龄农村留守儿童按时入园；父母必须确保生活照管人能够协助农村留守儿童入园接受教育后才能长期外出；父母长期外出而生活照管人又缺少协助农村留守儿童入园接受教育的条件时，地方政府有义务安排适格个人或组织协助农村留守儿童入园接受教育。再次，确立幼儿园的农村留守儿童特别照管责任。幼儿园有义务对农村留守儿童的心理和生活给予特别关照，并保持与家庭生活照管人的良好沟通。又次，鼓励相关组织和个人协助农村留守儿童接受学前教育。政府依照农村留守儿童的数量和教管质量对幼儿园、单位和个人给予财政补贴，以激励相关组织和个人协助农村留守儿童接受学前教育。最后，设定违法责任。对未尽法律义务协助农村留守儿童接受学前教育的组织和个人设定相应的法律责任。

完善《义务教育法》，以保障农村留守儿童的义务教育权。首先，加重父母的义务教育入学保障责任。如前所述，由于责任太轻，部分父母或者其他法定监护人缺少压力和动力送适龄儿童入学接受义务教育。只有加重父母或其他监护人的法律责任，包括农村留守儿童在内的儿童的受教育权才有根本保障。《义务教育法》第 58 条应修改为："适龄儿童的父母或者其他法定监护人无正当理由未依照本法规定送适龄儿童入学接受义务教育的，由当地乡镇人民政府或县级人民政府教育行政部门给予批评教育，责令限期改正。首先接到举报或获得信息的行政机关应当先履行法律职责；首先接到举报或得到信息的县级人民政府教育行政部门可以委托乡镇人民政府履行法律职责。限期仍未改正者，由县级人民政府教育行政部门处以警告。处以警告 5 个工作日后，无正当理由仍未履行义务者，由县级人民政府教育行政部门处以罚款；罚款以 100 元为起点，每延迟一天，罚款数额增加 50 元，直至当事人履行义务。"其次，增加政府和社区的义务教育入学保障责任。为保障政府机关工作人员履行义务，应在《义务教育法》第 58 条增加第 2 款，即，"行政机关工作人员未履行前款义务或怠于履行前款义务者，由责任机关给予行政处分。"同时，为充分发挥村民委员会或居民委员会的作用，降低国家行政机关的管理成本，法律应委托村民委员会或居民委员会承担对农村留守儿童等特殊儿童的义务教育监督责任。为此，应在《义务教育法》第 13 条第 2 款增加第二句话，即，"村民委员会或居民委员会应定期向乡镇人民政府或街道办事处报告农村留守儿童、被收养的孤儿、残疾儿童等特殊儿童的义务教育情况。"

制定《寄宿制学校法》，以保障农村留守儿童的学校住宿权。为提高中小学教学质量，推进均衡教育，改善中西部地区中小学的教育条件，国务院《关于基础教育改革与发展的决定》提出"撤点并校"，鼓励建设寄宿制学校；21 世纪中后期，为解决农村留守儿童问题，中国许多地方也倡导发展寄宿制学校。在寄宿学校大大推进中国农村中小学教育发展的同时，其在教育、住宿、饮食、安全等方面的问题也亟待法律规范。因此，可以在总结地方立法经验的基础上，制定《寄宿学校法》。《寄宿学校法》应主要规定城乡寄宿制学校的教学、饮食、住宿、安全及财政保障等方面的内容。其中，该法应规定："本条例适用于为农村和城市中小学生设置的高级中等寄宿制学校和初级中等寄宿制学校"；"孤儿、残疾儿童、农村留守儿童等有特殊需要的儿童有优先寄宿权"；"国家应按照农村留守儿童的人数向寄宿学校发放农村留守儿童寄宿学校补贴，向符合条件的农村留守儿童发放农村留守儿童寄宿学校生活补贴。"这些规范不仅有助于保障农村留守儿童的优先寄宿权，也为寄宿学校获得农村留守儿童教育补助提供了依据，也是农村留守儿童获得寄宿学校生活补助的保障。

　　制定《高级中等教育法》，以保障农村留守儿童的高级中等教育权。虽然高级中等教育的地位极为重要，但目前尚缺乏相应的法律规范。制定《高级中等教育法》不仅有助于规范中国高级中等教育，也为保障农村留守儿童及其他特殊儿童的受教育权提供可靠依据。《高级中等教育法》除了重点规范高中阶段的教育目标、教育内容、教育机构、教师的权利与义务、学生的权利与义务、教育投入等，还应当特别就学校寄宿制度、教育补助制度、学校特别援助制度等予以规范。其中，应当规定"国家为孤儿、残疾人、城市流动儿童、农村留守儿童等特殊受教育者高级中学就读期间所需的学费、杂费、资料费、生活费提供补助"。当然，一旦条件成熟，中国应把高中教育纳入义务教育，《高级中等教育法》将被新《义务教育法》所取代，农村留守儿童的公共教育问题也将演变为义务教育问题。

　　（四）农村留守儿童照管保障法律规范

　　依照《儿童社会保障法》制定《家庭照管法》。制定作为单行法的《家庭照管法》，有其特定原因：首先，中国缺乏家庭照管的经验，不宜在《儿童社会保障法》中制定具体的家庭照管条款。其次，中国习惯于先制定行政法规、地方法规和规章，待时机成熟后再由国家最高立法机关制定法律。由于部门规章常常受制于部门保护主义而缺乏公平性与合理性，因此，建议由国务院制定作为行政法规的《家庭照管法》，以提升法律的质量与实施效果。《家庭照管法》应当涵盖家庭照管的类型与内容、政府的补贴、政府管理等方面的内容。《家庭照管法》应规定："农村留守儿童家庭照管可分为单亲照管、亲属照管和非亲属照管"；"非亲属照管农村留守儿童可以收取适当的照管费用"；"政府以鼓励优质照管为原则，根据照管服务质量的差别确定向不同照管家庭支付照管家庭补贴的等级"；"政府以弥补照管支出为原则，根据家庭照管支出的差别确定向农村留守儿童家庭支付家庭照管生活补贴的等级"。尽管家庭照管保障处于起步阶段，但农村留守儿童的家庭照管已经出现，不断总结经验，系统可实施的家庭照管保障制度就会逐步形成。

以现有法律为基础构建《社会机构照管法》。由于儿童照管机构与老年照管机构、残疾人照管机构有许多共性，而目前机构照管领域条块分割的立法现状十分明显，这不仅无法形成系统、完备的法律体系，且导致法律实施难度大，法律实施效果比较差。为此，应当把《社会福利机构管理暂行办法》、《养老机构管理办法》、《养老机构设立许可办法》整合进更高层次的《社会机构照管法》。《社会机构照管法》应规定社会照管机构的类型及设立条件、机构照管的内容、政府补贴、政府管理等内容。《社会机构照管法》应规定："社会照管机构的组织形式可以为事业单位、民办非企业单位、企业"；"政府以鼓励优质照管为原则，根据照管服务质量的差别确定向不同社会照管机构支付照管机构补贴的等级"；"政府以弥补照管支出为原则，根据机构照管支出的差别确定向农村留守儿童家庭支付机构照管生活补贴的等级"。作为《儿童社会保障法》部分功能的替代者，《社会机构照管法》对于农村留守儿童机构照管制度的具体化及有效落实具有十分重要的作用。

第五章

中国农村留守儿童社会保障
问题的消解路径研究

农村留守儿童社会保障问题消解的根本途径有二：一是农村留守儿童父母返回农村，并不再长期外出；二是农村留守儿童随父母取得城镇户口，并到城镇长期生活。我国 2016 年常住人口城镇化率约为 57.35%，户籍人口城镇化率则约为 41.2% 左右，[1]既远低于发达国家 80% 的平均水平，同人均收入与我国相近的发展中国家 60% 的平均水平相比，也有较大距离；根据世界城镇化的一般规律，我国仍处于城镇化率 30% ~ 70% 的快速发展阶段。[2]基于此，上述第二种农村留守儿童社会保障问题消解路径与我国的城镇化趋势更为契合。不过，由于农村留守儿童随父母取得城镇户口是一个渐进的过程，如何让农村留守儿童在身份转变为城镇常住人口后、取得城镇户口之前逐渐获得更多的社会保障待遇，是问题的关键。根据《国务院关于进一步推进户籍制度改革的意见》，各地要建立过渡性的居住证制度，且凡离开

---

〔1〕 国家统计局：《中华人民共和国 2016 年国民经济和社会发展统计公报》（2017 年 2 月 28 日）

〔2〕 中共中央、国务院：《国家新型城镇化规划（2014 ~ 2020 年）》（2014 年 3 月 16 日），第一章、第四章。

常住户口所在地到其他设区的城市居住半年以上的公民都可在居住地申领居住证；居住证持有人逐渐享有与当地户籍人口同等的社会福利、社会救助等权利；各地要保障务工农民随迁子女平等享有受教育的权利。[1] 相应地，各地也陆续出台了保障务工农民随迁子女受教育权等方面的配套制度。显而易见，务工农民随迁子女过渡期内获得的受教育权等方面的保障越充分，越有助于引导农村留守儿童随父母向城市转移，从而逐渐消解农村留守儿童社会保障问题。相反，不充分的制度待遇会导致较多农村儿童留守农村或随父母在城镇和农村之间长期反复往返迁移，使农村留守儿童社会保障问题长期存在。本章重点研究务工农民随迁子女的教育保障、健康保障及相关的人口管理与服务制度，[2] 以探讨农村留守儿童社会保障问题消解的途径。

第一节　改进中国务工农民随迁子女教育保障制度

由于不具有父母工作城镇的户籍，务工农民随迁子女在学前教育、义务教育、高级中学教育、职业教育及高考资格等方面都面临诸多不确定因素。一方面，务工农民是所在城镇的劳动者，有相应的社会贡献，其子女也应当享有相应的教育权益；但另一方面，现有制度又不允许务工农民随迁子女与务工地儿童平等分享教育机会。对政府而言，无论考虑到教育公平，还是顾及城乡

---

〔1〕《国务院关于进一步推进户籍制度改革的意见》（国发〔2014〕25号），2014年7月30日发布。

〔2〕 当农村留守儿童变为务工农民随迁子女后，儿童与父母基本可以一起生活了，照管保障和基本生活保障不再是突出问题，因而本部分不再研究务工农民随迁子女的照管保障问题与基本生活保障问题。

一体化趋势及社会协调发展需要，都应努力依托法律制度变革逐渐推进务工农民随迁子女公平教育权的实现。

一、构建务工农民随迁子女教育保障制度的理论基础

把务工城镇作为教育地更有利于随迁子女受教育权的实现。首先，更便于父母为子女学习提供帮助。父母比其他监护人更了解子女的学习状况，子女也更愿意把自己的学习需求告诉父母，因而，父母更容易为子女提供有针对性的学习帮助。研究表明，"流动家庭"比"留守家庭"能为孩子提供更多的作业检查、学习辅导、"特长班"报名机会，同学间的互动也更多，即，"流动家庭"的孩子的家庭教育优于"留守家庭"。[1]其次，优越的城镇教育条件更有助于随迁子女的学习和成长。城乡二元架构下的中国城乡教育资源分配差异明显，无论师资水平、学校条件、教学手段、财政投入等硬件，还是教学理念、教学方法等软件，城镇都高于农村，经济发达的东部城市与中西部农村的教学条件的差别更是十分显著。这种差距导致城镇儿童比农村儿童的知识面更宽广，创新能力更强，更能适应社会。虽然务工农民随迁子女与普通城镇儿童在学习的主客观条件方面仍有差距，但比留守农村更易获得良好的受教育机会。

政府有义务帮助务工农民随迁子女实现公平教育权，理由如下：其一，保障随迁子女受教育权是中国政府的法定义务。受教育权是《宪法》确认的公民基本权利，[2]而公平的受教育机会也被《教育法》确认为公民的一项法定权利。[3]公平受教育权

---

[1] 许传新："家庭教育：'流动家庭'与'留守家庭'的比较分析"，载《中国青年研究》2012 年第 5 期。

[2] 《宪法》（全国人大公告第 1 号，2018 年 3 月 11 日发布），第 46 条。

[3] 《教育法》（主席令第 39 号，2015 年 12 月 27 日发布），第 9 条。

的主体是公民，而承担保障义务的主体既有权利主体的抚养人、扶养人等个人，也包括政府等公共组织。务工农民随迁子女教育问题就是如何在城镇户籍儿童与务工农民随迁子女之间分配教育资源的问题，实质上就是公平教育问题。政府是保障务工农民随迁子女公平地实现受教育权的法定义务主体。其二，合理分配教育资源是政府的义务。教育服务具有正外部性和一定的非排他性，即教育不仅让受教育主体获益也使社会受益。因而，教育服务是准公共物品。如果教育服务完全市场化，那么部分社会成员将无法获得教育或无法获得良好教育，这必将制约国家的整体发展。基于此，明智的现代私有制与公有制国家都不会将教育服务完全市场化，而是合理配置教育资源，以保障那些无力获得受教育机会的适龄社会成员接受必要的教育。义务教育就是一种典型的政府保障型教育，并且经济越发达的国家和地区，义务教育越受重视。农村留守儿童的教育不仅事关其生存权与发展权，也关及国家进步。良好的教育环境是保障农村留守儿童受教育权的关键，让农村留守儿童随父母进入城镇接受教育就是一种比较有效的制度选择。儿童随父母进城接受教育实质上使农村儿童获得了城镇儿童的受教育机会，实质上是教育资源的重新配置。农村留守儿童教育问题是中国社会转型与中国传统二元教育模式相冲突的反映；变农村留守儿童身份为务工农民随迁子女对中国传统二元教育模式提出了挑战，也为政府改革传统二元教育模式提供了契机。

二、务工农民随迁子女学前教育保障制度研究

依托学前教育法律保障随迁子女学前受教育权。务工农民面临能否与学龄前儿童一起生活于城市的选择，而影响学龄前儿童父母决定的重要因素之一则是相关制度能否为学龄前儿童提供合理的学前教育机会。作为基础性教育的学前教育必须依法规范；法律可以让务工农民随迁子女的学前受教育权更明确、系统、稳定，也更有保障。美国、英国、法国、德国、日本、韩国、澳大利亚、新西兰、芬兰、葡萄牙、爱尔兰等国均已颁布学前教育法律，[1] 而我国大陆地区的学前教育法律主要是部门规章[2]、地方法规（如江苏、北京、云南、青岛）、地方规章（如山东、南京、深圳、武汉），因而有必要在借鉴国外经验、总结现有法律实践的基础上制定《学前教育法》。首先，法律有助于推动学前教育。《学前教育法》可通过确立学前教育的普惠性原则、政府主导责任、资金筹措体制、教师权利及违法责任推动学前教育发展，从而为随迁子女接受学前教育提供制度基础。其次，法律可以直接确立随迁子女受教育权保障规则。务工农民随迁子女的学前教育问题是中国城镇化进程中的必然产物，《宪法》确立的依法治国理念要求国家必须依托法律保障务工农民随迁子女学前教育的实现。基于原有户籍人口的固有利益及城市人口压力，教育资源丰富的特大城市、大城市及少量中小城市、建制镇缺少主动解决务工农民随迁子女学前教育问题的动力。目前把向务工农民随迁子女开放学前教育机会的主要决定权交由这些城市和建制镇可能会延迟务工农民随迁子女学前受教育权的实现。中央应当通过立法明确教育资源丰富的大城市、特大城市及少量中小城市、建制镇向随迁子女开放学前教育的最低学位比例，该比例的确定既要考虑本市镇的教育资源状况，又要结合持有居住证家庭的数

---

〔1〕 庞丽娟："加快推进《学前教育法》立法进程"，载《教育研究》2011 年第 8 期。

〔2〕 如教育部 2012 年颁布的《学前教育督导评估暂行办法》（教督〔2012〕5号）。

量。法律的庄严性和强制性可以较好地防止为随迁子女提供学前教育保障的制度流于形式，以确保各城镇为随迁子女提供合理比例的学前教育学位。同时，法律应建立动态调整机制，以使向随迁子女开放的学前教育学位比例能够随时间的推移而逐步提高，直至将随迁子女全部纳入流入地学前教育体系。

坚持普惠性学前教育原则。"普惠性"已被国家确立为学前教育的基本原则。国务院《关于当前发展学前教育的若干意见》（国发［2010］41号）（下文简称《国十条》）提出："发展学前教育，必须坚持公益性和普惠性，努力构建覆盖城乡、布局合理的学前教育公共服务体系，保障适龄儿童接受基本的、有质量的学前教育。"[1]《学前教育法》应确认上述政策中的普惠性学前教育原则，使该原则由政策理念变为法律准则。"普惠性"对务工农民随迁子女公平接受教育而言更为重要。"普惠性"的三个基本特征为"普遍性"、"低费用"、"有质量"。"普遍性"意味着所有适龄儿童都应有机会接受学前教育，无城镇户籍的务工农民随迁子女的学前教育机会也应予以保障。尽管各个城镇可根据自身的规模、条件制定相异的务工农民随迁子女学前教育准入标准，但上级政府和社会公众却可依照"普遍性"原则推动各城镇不断降低准入标准。"低费用"意味着学前教育收费不能太高，以确保大多数适龄儿童家庭能够承担得起。无城镇户籍的务工农民属于城镇的中低收入群体，低费用是这些家庭随迁子女能够接受学前教育的保障。"有质量"则意味着"普惠性"的学前教育要达到一定的"水准"，不能用低水准换取学前教育的"普遍性"、"低费用"；无城镇户籍的务工农民随迁子女享有的学前

---

[1]　《国务院关于当前发展学前教育的若干意见》（国发［2010］41号）。

教育水准也不能低于城镇户籍儿童。政府如能切实贯彻普惠性原则，该项权利也能从应然变为实然。即使法制完善的国家，政策仍然是法律实施的重要依托，学前教育法制几乎空白的中国当然要努力让承载公平理念的普惠性原则借助国家法律和政府政策昂然前行。

推进公办民办教育机构并举制度。《学前教育法》应确立公办民办学前教育机构并举的制度。当然，公办民办并举并非没有侧重。由于政府承担着"广覆盖、保基本"[1]的学前教育责任，而政府又掌管着庞大的公办学前教育机构，因此，依托扩张公办学前教育机构容纳力保障务工农民随迁子女的学前受教育权是首选途径。作为法定义务主体，政府动用公共资源提供公共服务应当遵循法定程序，这是法治政府的基本内涵。即便如此，在利用公共资源举办公共学前教育机构方面，行政机关拥有更多自由裁量权的中国要比立法权可随时牵制行政权力的国家便捷很多。不过，公共资源的有限性也决定了政府举办学前教育机构的边界，制约着政府为务工农民随迁子女提供学前教育的能力。无论出于营利目标，还是基于公益或准公益理想，民间资本都可用来填补政府的缺憾。新修改的《民办教育促进法》明确允许设立非义务教育阶段的营利性民办学校，而且既有对非营利性民办学校的倾斜性激励制度，也规定了政府对营利性和非营利性民办学校的一体性激励制度。[2]这为民间资本投资设立营利性和非营利性学前教育机构提供了法律支持。《学前教育法》应当在此基础上细化民间资本设立学前教育机构的特殊性规则。公办学前教育机

---

〔1〕《国务院关于当前发展学前教育的若干意见》（国发〔2010〕41号）。
〔2〕《民办教育促进法》（主席令第55号，2016年11月7日发布），第45～52条。

构、委托学前教育机构和民办学前教育机构都应当成为保障务工农民随迁子女学前教育的法定组织形式，是普惠性学前教育原则的载体。只有当国家支持民间资本投资学前教育的规则上升为法律规范后，民间投资才会大幅度提升。

确立学前教育财政投入制度。保障务工农民随迁子女学前受教育权，既要有正确的理念、有效的组织形式、规范的实施路径，又要有物质基础。公办学前教育机构需要政府全部出资，委托学前教育机构和民办学前教育机构也要政府援助，财政无疑是普惠性学前教育的现实支撑。《学前教育法》等法律应规定以下财政资金使用制度：首先，确立财政支持民办学前教育机构和委托学前教育机构的法律规则。为实现普惠性，法律必须限制民办学前教育机构的收费水平，而降低收费则会影响投资者回报、教师待遇、学前教育机构条件等，因而，法律必须确立民办学前教育机构收费控制与财政援助提供相关联的规则，以保护民间投资者的积极性和学前教育机构的质量。法律还需明确教育行政部门委托学前教育机构提供学前教育学位的条件和程序。总之，法律不仅保障民间投资者获得财政支持的权利，也应明确民办学前教育机构必须承担培养相应数量务工农民随迁子女的学前教育责任。其次，法律必须明确财政支持公办学前教育机构的条件、程序。通过履行财政保障的法定义务，政府要不断促使现有公办学前教育机构改善基础设施，提升师资保教水平，扩充学前教育机构学位，保障适龄务工农民随迁子女能够接受教育。最后，明确财政支持增建各类学前教育机构的法定条件和程序。《城市居住区规划设计规范》（GB 50180－93）规定了城市居住区学前教育机构的数量和规模的标准，以方便适龄儿童就近接受学前教育。为适应城市发展，《学前教育法》等应把城市居住区学前教育机构的数量和规模的标准法定化，依法明确财政支持新增各类学前教育机构的启动程序，规定财政支持新增各类学前教育机构的实施规则，鼓励各类投资主体依法兴办学前教育机构，保障学前教育机构的数量不低于国家强制性标准，为务工农民随迁子女学前受教育权的实现提供更多选择。

合理确定学前教育机构准入标准。《学前教育法》应当确立合适的学前教育机构标准。法定学前教育机构标准的确定既要与儿童教育目标相结合，也要与经济社会发展水平相匹配。过低的学前教育机构法定标准无法满足当前的学前教育社会需求，会降低学前教育的水准；过高的学前教育机构法定标准超越当前的学前教育社会需求，容易将部分学龄前儿童挤出学龄前教育。因此，学前教育机构的法定标准应当高低合理、宽松适度。由于现有城市学前教育机构无法充分接纳务工农民随迁子女，所以很多城市出现了大量民办学前教育机构，但不少民办学前教育机构却因不符合各地现有法律或政策标准而得不到承认。这些非正规学前教育机构却以其较低的收费满足了许多务工农民随迁子女的教育需求，有明显的合理性，一些城市也试图引导这些学前教育机构走向正规化。不少城市面临的困境是：如要解决非正规学前教育机构问题，要么修改法律和政策制度，并降低保育质量标准，要么强行关闭大量学前教育机构。对此，一些研究者认为，应当以普惠性为导向，为学前教育机构设置适宜的准入标准，包括取消举办者的户籍限制、设定不同层次的注册资金标准、规定符合实际的保教人员数量、调整幼儿园规模的规定、把准幼儿园机构纳入管理体系。[1] 合理的学前教育法定标准应当符合社会现实，标准太高或太低都不利于学前教育的发展。当前最重要的现实是大量务工农民随迁子女需要学前教育机构，而现有城市学前教育机构无法满足其需求。基于此，为城市户籍儿童设定的学前教育机构标准与现有社会需求相冲突，表现为起点过高。对许多务工农民随迁子女而言，首要的需求是人身安全，其次是基本的照管，最后是适度的教育。前两个标准是基础，第三个标准可放宽。只要满足安全和照管标准，具备看护功能，就能让务工农民从儿童照管事务中解脱出来，为其创造工作条件。因而，依法确定的学前教育机构标准可分为多个层次或等级，以满足不同家庭的需求，并为务工农民随迁子女的学前教育提供空间和机会。

三、务工农民随迁子女义务教育保障制度研究

务工农民随迁子女获得义务教育的权利尚未有效实现。基于义务教育的基础性和重要性，国家通过立法保障适龄儿童获得义务教育的权利，中央政府也努力借助各项制度把务工农民随迁子女的该项权利落到实处。为此，国务院转发了中央六部门制定的《关于进一步做好进城务工就业农民子女义务教育工作的意见》，首次系统地明确了务工农民随迁子女义务教育问题的基本制度，确立了解决务工农民随迁子女教育问题的"两为主"、"两纳入"原则，即以流入地政府为主、以公办学校为主，并将常住人口纳入区域教育发展规划、将随迁子女教育纳入财政保障范围。[2] 2008 年，中央政府建立了对承担务工农民随迁子女义务教育地

---

〔1〕 余晖、黄亚婷："以普惠性为导向设定农民工随迁子女学前教育机构准入标准——基于北京市政策与实践的分析"，载《学前教育研究》2013 年第 2 期。

〔2〕《国务院办公厅转发教育部等部门〈关于进一步做好进城务工就业农民子女义务教育工作的意见〉的通知》(国办发〔2003〕78 号)。

方的财政奖励制度。该制度对接收务工农民子女较多且解决其义务教育问题较好的省份给予了良好的激励和支持，在强调务工农民流入地政府主要责任的同时强化了中央政府的义务。[1] 在上述制度安排使得务工农民随迁子女的义务教育权得到了较好保障的同时，务工农民随迁子女义务教育仍面临诸多困境，主要表现为：仍有一部分随迁子女无法在流入地接受义务教育；部分随迁子女只能在办学质量较差的民办学校接受义务教育等。欲使所有务工农民随迁子女都能在流入地接受高质量的义务教育，必须依法推进相应制度变革。

第一，《义务教育法》应确立保障务工农民随迁子女公平获得义务教育机会的制度。相对于学前教育，务工农民流入地都为随迁子女设定了更为宽松的接受义务教育的准入条件。依照上海市的规定，随迁子女申请学前教育学校的基本条件为：持《上海市居住证》且积分达到标准分值或者持《上海市居住证》并达到一定年限等；而申请义务教育学校的条件则为：持《上海市居住证》人员，或连续 3 年在街镇社区事务受理服务中心办妥灵活就业登记（逐步过渡到 3 年）且持有《上海市临时居住证》满 3 年（逐步过渡到 3 年）。[2] 这种差异主要是因为义务教育对适龄儿童的发展非常关键，国家首先予以保障，因此，相对于学前教育，作为随迁子女流入地的城镇也应优先支持义务教育。尽管如此，一些城镇对随迁子女接受义务教育仍然限制得过于严格。其中，对无《上海市居住证》者，需要连续 3 年在街镇社区事务受

---

〔1〕《进城务工农民工随迁子女接受义务教育中央财政奖励实施暂行办法》（财教〔2008〕490号）。

〔2〕《关于来沪人员随迁子女就读本市各级各类学校实施意见》（沪府办发〔2013〕73号）。

理服务中心办妥灵活就业登记（逐步过渡到 3 年）且持有《上海市临时居住证》满 3 年（逐步过渡到 3 年），随迁子女才有申请义务教育学校的资格。小学教育和初中教育之所以被确定为义务教育，在于该阶段的教育比高中教育和高等教育更为基础，比其他各阶段教育更为关键。放宽随迁子女接受义务教育的条件，有助于保障随迁子女的生存权、发展权及实现社会公平，也是国家发展的基本保障，整个社会都应为之作出努力和贡献。尽管许多中小城市或建制镇都逐步放开了对务工农民随迁子女的义务教育限制，但大城市仍然对此设定了较多准入条件，从而限制了务工农民随迁子女义务教育阶段受教育权的充分实现。导致此状况的重要原因之一在于，《义务教育法》只是较为笼统地规定了务工农民流入地政府保障务工农民随迁子女义务教育的义务，而把具体制度安排权授权给了省、自治区、直辖市。[1] 这的确有利于各地结合本地实际为务工农民随迁子女提供义务教育，但过于宽泛的授权也为各地降低保障标准提供了方便，以至于出现了综合条件极为接近的城市却制定出差别较大的接纳规则的情形。因此，《义务教育法》及其配套法应当细化各地对务工农民随迁子女义务教育承担的义务，以实现务工农民随迁子女与本地适龄儿童享有同等的义务教育机会的目标。

　　第二，《义务教育法》等应完善务工农民随迁子女义务教育财政支持制度。前已述及，上海市政府为随迁子女设置的申请义务教育学校的条件并没有像申请学前教育学校的条件那样严格，但满足这些条件只是具有申请义务教育学校的资格，而能否进入公立学校还取决于学校的接纳能力。有课题组抽样调查显示，义

---

〔1〕《义务教育法》（主席令第 52 号，2006 年 6 月 29 日），第 12 条。

务教育阶段有 73.83% 的务工农民随迁子女就读于公办学校，有 17.45% 的务工农民随迁子女就读于民办学校，还有 8.72% 的务工农民随迁子女就读于打工子弟学校。[1] 这表明，即使完全放开随迁子女进入义务教育学校的限制，如果学位不足，一些随迁子女仍无法进入公办学校接受义务教育，实质权利的实现仍然会大打折扣。强化政府的财政投入，改善义务教育学校的办学条件，是保障随迁子女接受义务教育权利的物质基础。地方政府是务工农民的直接受益方，根据权利义务对应原则，其应当承担改善义务教育条件的主要法定义务。统筹城乡事务，促进国家协调发展是中央政府的基本职责，而务工农民随迁子女平等享有义务教育机会事关中国二元社会结构的调整和国家的可持续发展，中央政府也有必要通过财政转移支付为此承担一定的责任。2006 年修订的《义务教育法》对义务教育的经费保障机制作了比较详尽的规定，特别是明确了义务教育经费的承担主体、增长比例、筹集渠道、使用方式等，但并未对务工农民随迁子女接受义务教育的经费保障做出特别规定。[2] 不过，2008 年颁布的《国务院关于做好免除城市义务教育阶段学生学杂费工作的通知》明确规定："地方各级人民政府要按照预算内生均公用经费标准和实际接收人数，对接收进城务工人员随迁子女的公办学校足额拨付教育经费。"[3] 财政部、教育部颁布的《进城务工农民工随迁子女接受义务教育中央财政奖励实施暂行办法》进一步确认了对

〔1〕 邬志辉、李静美："农民工随迁子女在城市接受义务教育的现实困境与政策选择"，载《教育研究》2016 年第 9 期。
〔2〕《义务教育法》（主席令第 52 号，2006 年 6 月 29 日），第六章。
〔3〕《国务院关于做好免除城市义务教育阶段学生学杂费工作的通知》（国发 [2008] 25 号）。

接收务工农民子女较多且其义务教育问题解决较好的省份给予适当奖励的制度。[1] 有关务工农民随迁子女接受义务教育的经费保障制度主要停留在部门规范及地方规范层次的制度安排弱化了对地方政府的约束；把主要经费保障义务交由务工农民流入地政府，而中央只承担较弱的奖励责任的制度设计，则不利于激励地方政府积极为务工农民随迁子女提供义务教育保障。因此，应把低层次的务工农民随迁子女义务教育经费保障规范提升为全国人大常委会的立法，并把中央奖励制度改为与地方财政投入相对应的"1∶1 配套"规则，同时明确地方政府不能保障务工农民随迁子女与本地适龄儿童同等接受义务教育的法律责任。只有这样，才有助于保障务工农民随迁子女义务教育财政投入的充分性和稳定性，进而提升义务教育机构的接纳能力。

第三，依法确认民办教育机构承担务工农民随迁子女义务教育的支持制度。义务教育发展需要逐步打破"以公办学校为主"的办学原则，如同学前教育需要鼓励发展委托园一样，义务教育也应支持购买服务式和"公补民办"式的办学模式，这有助于缓解城镇面临的务工农民随迁子女义务教育压力。务工农民所在城市和中央政府的财政支持不仅用于兴办和改善公办学校，也应用于支持民办学校，特别是，应支持条件简陋的务工农民子弟学校办成质量合格的民办学校。《民办教育促进法》规定："人民政府委托民办学校承担义务教育任务，应当按照委托协议拨付相应的教育经费。"[2] 这为务工农民所在城市依托民办教育机构解决随迁子女的义务教育问题提供了法律依据，但法律应当明确选择

---

〔1〕《进城务工农民工随迁子女接受义务教育中央财政奖励实施暂行办法》（财教〔2008〕490 号）。

〔2〕《民办教育促进法》（主席令第 55 号，2016 年 11 月 7 日发布），第 50 条。

民办教育机构的标准、程序及教育经费的支付标准、使用限制，以保障被选民办教育机构的质量，防止降低务工农民随迁子女获得义务教育的条件等情形的出现。

四、务工农民随迁子女后义务教育保障制度研究

务工农民随迁子女能否在义务教育后顺利接受普通高中教育、职业学校教育、普通高等学校教育也是影响务工农民是否愿意让子女随迁城市的重要因素。因此，应依托法律制度推进务工农民随迁子女公平获得各种后义务教育机会。

（一）务工农民随迁子女高中教育保障制度

务工农民随迁子女接受高中教育的权利仍缺乏充分保障。《国家中长期教育改革和发展规划纲要（2010～2020年）》提出，2020年高中阶段毛入学率达到90%，普及高中阶段教育，满足初中毕业生接受高中阶段教育的需求。[1] 务工农民随迁子女的高中升学率，不仅影响随迁子女的受教育权，也是影响上述规划目标能否实现的关键因素。为此，国务院于2012年8月3日转发了教育部等中央四部门制定的《关于做好进城务工人员随迁子女接受义务教育后在当地参加升学考试工作的意见》，各地也制定了相应的实施方案。但随迁子女接受高中教育的权利仍受制于以下因素：一是各地中考制度限制了务工农民随迁子女的中考机会。北京、上海等农村务工人员密度比较高的地区对随迁子女的中考限制多于陕西、湖北等农村务工人员密度较低的地区。持《上海市居住证》且积分达到标准分值人员的随迁子女才能参加

---

〔1〕《国家中长期教育改革和发展规划纲要（2010～2020年）》（国务院于2010年5月5日审议通过；中共中央政治局于2010年6月21日审议通过）第二章、第五章。

上海中等学校高中阶段招生考试；[1] 持有在有效期内的北京市暂住证或工作居住证、在京有合法稳定职业和连续缴纳社会保险（医疗保险或养老保险，不含补缴）均已满 3 年的进城务工人员的具有本市学籍且在京连续就读初中 3 个学习年限的随迁子女才能在京参加中考。[2] 而只要在湖北各地初中就读并获得统一学籍号的随迁子女均可在学籍所在学校报名参加中考；[3] 随迁子女在陕西参加中考的条件也较低：父母一方持陕西省居住证和在陕西缴纳职工基本养老保险均在 1 年以上，随迁子女本人持有陕西省初中学校颁发的毕业证书。[4] 从各地的制度安排看，教育资源相对比较紧张的地区对随迁子女在本市接受高中教育的限制比较多，反之，则比较少。总体来看，限制随迁子女进入大中城市接受高中教育的做法比较普遍，只是宽严程度有别而已。这也意味着相当多的随迁子女并不能享有与所在城市户籍儿童同等的普通高中教育甚至是中专教育或职业教育机会。二是高中阶段财政投入有限。由于义务教育是政府保障的重点，所以，保障义务教育资金的法律和政策比较完备，各级政府也非常重视。修改后的《义务教育法》专设一章规定"经费保障"，不仅确立了依照"教职工编制标准、工资标准和学校建设标准、学生人均公用经费标准等及时足额拨付义务教育经费"的准则，还要求用于实施

---

〔1〕《关于来沪人员随迁子女就读本市各级各类学校实施意见》（沪府办发〔2013〕73 号）。

〔2〕北京中考在线："2015 北京中考随迁子女要符合三个'3'"，载搜狐网，http：//learning. sohu. com/20141229/n407396104. shtml，最后访问日期：2015 年 8 月 10 日。

〔3〕《关于进城务工人员随迁子女接受义务教育后在我省参加升学考试实施办法（试行）》（2012 年 12 月 31 日发布）。

〔4〕《进城务工人员随迁子女义务教育后在陕参加升学考试方案》（陕教考〔2012〕8 号）。

义务教育财政拨款的增长比例应当高于财政经常性收入的增长比例，保证教职工工资和学生人均公用经费逐步增长，且要通过加大一般性转移支付规模和规范义务教育专项转移支付支持和引导地方各级人民政府增加对义务教育的投入。[1] 充分的经费保障使得义务教育的办学规模和办学条件得以大大改善。而高中教育投入不仅欠缺系统的法律与政策支持，实际的规模和增长速度也不及义务教育阶段中的初中教育。[2] 三是高中教育的学费影响经济困难的随迁子女接受教育。有随迁子女的家庭的收入普遍不高，高中阶段的学费、书费、杂费及生活费会迫使部分务工农民把子女留在农村或让随迁子女放弃高中教育机会。

依托《高级中等教育法》保障务工农民随迁子女高中阶段的受教育权。制定《高级中等教育法》，合理界定务工农民随迁子女高中教育的准入条件，确立高中教育资金投入规则，明确务工农民随迁子女高中教育费用的减免规则。首先，法律应当放宽务工农民随迁子女获得高中教育机会的条件。决定务工农民随迁子女能否在流入地接受高中教育的主要因素应当是父母是否有稳定的职业。一旦父母有了稳定职业，父母就成为本地的劳动者。流入地政府愿意接受务工农民到本市就业，就意味着其认可务工农民为本地所作出的贡献，那么流入地政府同时就应当承担为务工农民随迁子女提供教育保障的公共义务。至于父母的收入能否承担得起随迁子女的教育支出，应当由随迁子女父母判断；如果随迁子女父母认为无法承担流入城市的高中教育支出，他们可能会让孩子留在农村或其他地方接受教育；如果父母愿意节衣缩食

---

〔1〕《义务教育法》（主席令第52号，2006年）第六章。

〔2〕参见教育部、国家统计局、财政部发布的2010、2011、2012、2013、2014年度《全国教育经费执行情况统计公告》。

以满足随迁子女接受流入城市高中教育的愿望，那么流入地政府必须接受，必要时应当给予经济援助。因此，随迁子女父母的选择是关键。遵循该原则符合教育公平原则和人道主义精神。不管城市的经济发展水平如何，都应依照该原则制定随迁子女高中教育政策。其次，法律应当确定高中教育资金投入规则。随迁子女不能顺利接受高中教育的实质是所在城市高中教育资源有限，因而增加资金投入是解决问题的关键。资金来源包括政府财政和民间资本。目前政府资金居于主体地位，民间资本处于辅助地位。政府独立举办高中教育的同时，应继续引导民间资本独立或与国有资本共同举办高中教育，以此扩大高中教育的容量，缓解高中教育资源的短缺压力。当然，流入地政府应主要依托公办高中解决随迁子女受教育权的问题，但也应通过补贴方式鼓励民办高中接受随迁子女。最后，法律应当明确务工农民随迁子女高中教育的费用减免制度。鉴于多数随迁子女家庭经济状况劣于城市家庭的现实情况，政府应当为随迁子女提供高中教育费用减免制度。随迁子女接受高中教育的费用包括学费、教材及教辅材料费、其他学习用品费、生活费。一方面，法律应规定给予随迁子女学费和教材费的减免。其中，学费在所有费用中所占比重较高，而且是刚性的，对随迁子女家庭影响比较大，因此，应当减少或免除学费。法律应当明确，因上述费用减免而产生的教育费用缺口由中央政府和学校所在地政府共同承担。中央政府是城乡二元结构调整事项的重要责任主体，随迁子女在随迁地接受教育是该事项的组成部分，中央应承担缘于该事项的支出；地方政府是随迁子女父母劳动的获益者，当然也应为随迁子女的高中教育承担相应义务。另一方面，法律应规定随迁子女所在学校优先考虑为随迁子女提供生活困难补助，且该部分支出由地方政府负担。

(二) 务工农民随迁子女高考保障制度

现行制度无法有效保障务工农民随迁子女参加高考的权利。近年来,为推动务工农民随迁子女在随迁地获得参加高考的权利,中央和地方政府制定了诸多制度,愈来愈多的务工农民随迁子女可以在随迁地参加高考。然而,尽管中西部地区对务工农民随迁子女高考的限制越来越少,但经济发达的东部地区却因其较大的人口压力和有限的教育资源而对务工农民随迁子女参加高考设置了很多限制性条件。依照上海市的规定,一般务工农民随迁子女参加上海高考的条件有两类:其一,父母一方持有《上海市居住证》且积分达到标准分值(即 120 分)。其二,随迁子女参加该市中等学校高中阶段招生考试并具有该市高中阶段完整学习经历的;父母一方连续持有《上海市居住证》满 3 年,其子女为本市高中阶段毕业生的。大多数务工农民的学历低于全日制本科,没有专业技术职称和技能等级或者职称和技能等级很低,缴纳职工社会保险费基数低,因此他们满足第一个条件就相当难。上海允许中职和高职毕业生分别参加高职和专升本考试,但也有严格的条件。[1] 根据北京市的规定,中职和高职毕业生有机会参加高职和专升本考试,同样机会很少;而一般务工农民随迁子女根本不能参加北京市的高考。[2] 高考限制剥夺了务工农民随迁子女公平接受教育的权利,阻碍农村儿童随迁城市,成为农村留守儿童产生的一个重要因素。中国政府应完善《高等教育法》,降低高考门槛,有序引导农村留守儿童流向城市。

---

〔1〕《关于来沪人员随迁子女就读本市各级各类学校实施意见》(沪府办发〔2013〕73 号)。

〔2〕《进城务工人员随迁子女接受义务教育后在京参加升学考试工作方案的通知》(京政办发〔2012〕62 号)。

第一，《高等教育法》应明确公民有公平参加高等教育入学考试的权利。为务工农民随迁子女提供就地高考机会既符合教育公平原则，也是推动中国社会转型的需要。缩小城乡差别，从二元社会走向一元社会，不仅为中国的农村、农业、农民提供发展机会，以保障基本人权，也为中国整体协调发展奠定基础，从而惠及全体社会成员。因此，务工农民随迁子女获得公平的接受高等教育的机会既是维护个体人权的需要，也是保障中国集体人权的需要。不能因损害流入地人口既得利益就不推动高等教育资源在本地户籍人口与务工农民随迁子女之间的合理分配。教育资源分配不公会产生不合理的社会分层，而与不合理社会分层相伴的是社会分裂。社会分裂会阻碍社会稳定与发展，从而不利于所有社会成员，即，"就地高考推进过程中首先要强调公共利益"。[1]法律的强制性是推动务工农民随迁子女获得高考机会的主要制度保障，但《高等教育法》只是抽象地规定了"公民依法享有接受高等教育的权利"，并未为各类适龄人群获得高等教育机会制定制度规则，以至于备受社会关注的务工农民随迁子女就地高考问题的解决路径主要被诉诸中央和地方的政策性规范，使务工农民随迁子女公平参加高考权的实现大打折扣。只有《高等教育法》明确公民有公平参加高考的权利，并严格依照该原则制定高等教育入学考试法律规范，务工农民随迁子女在随迁地公平参加高考的机会才能得到有效保障。

第二，应当强化中央政府的法定推进责任。保障务工农民随迁子女公平获得高等教育机会首先是中央政府的法定义务。《教

---

〔1〕 华桦："'异地高考'政策推进策略——基于国家－地区－个体的视角"，载《当代青年研究》2014 年第 5 期。

育法》规定，"高等教育由国务院和省、自治区、直辖市人民政府管理。"〔1〕而《高等教育法》则明确规定，国家有责任"推进高等教育体制改革"，"优化高等教育结构和资源配置"。〔2〕由于国务院承担高等教育管理的首要职责，而高等教育改革、高等教育结构和资源配置的优化是高等教育的基本问题，所以国务院有推进高等教育体制改革、优化高等教育结构和资源配置的基本法定义务。涉及高等教育体制改革、高等教育资源配置的务工农民随迁子女公平接受高等教育的问题当然也应由作为中央人民政府的国务院来推进。为履行其法定责任，国务院于 2012 年转发教育部等部门《关于做好进城务工人员接受义务教育后在当地参加升学考试工作的意见》并强调：统筹考虑进城务工人员随迁子女升学考试需求和人口流入地教育资源承载能力等现实可能，积极稳妥地推进随迁子女升学考试工作。各地也依照要求相继出台了具体方案，推进了务工农民随迁子女就地高考问题的解决。不过，一些地方的方案过于维护本地户籍家庭的既得利益，未能合理地照顾务工农民随迁子女的就地高考权益，甚至没有为推进务工农民随迁子女就地高考做出任何实质性安排。问题的根源在于，法律并未明确规定务工农民随迁子女就地高考的规则，而是由国务院依托政策笼统地授予了地方，而地方政府基于自身利益不当地解读了中央政府的"因地制宜"原则，并几乎享有了完全的方案制定权，中央政府又缺少对地方方案的审查制约机制。因此，应当把高考规则制定权上收于全国人大常委会，实现高考规则的法定化；以逐步推进高考公平为原则，依法限制地方政府

〔1〕《教育法》（主席令第 39 号，2015 年 12 月 27 日发布），第 14 条。
〔2〕《高等教育法》（主席令第 40 号，2015 年 12 月 27 日发布），第 7 条。

在高考制度中的自由裁量权，由中央立法分类确定不同地方的高考规则，既适当照顾各地的当前利益，也要使高考公平有序推进，保障务工农民随迁子女的高考权益。

第三，确定逐步推进高考改革的法律规范。《高等教育法》及其配套法应当明确有序地实现务工农民随迁子女就地高考的基本规则。一是确立底线规则。要求地方政府制定务工农民随迁子女就地高考方案，中央政府应设定底线，否则，地方政府会过度迎合当地民众的不合理需求。二是确立定期改进规则。彻底解决务工农民随迁子女就地高考问题是历史趋势，因此法律应规定各地定期改进制度安排，逐步降低务工农民随迁子女就地高考的条件，保证越来越多的务工农民随迁子女享有就地高考的权利。三是确立重点推进规则。中国各地面临的务工农民随迁子女就地高考问题的难易程度不同，有些地方严格限制务工农民随迁子女就地高考（如北京、上海、广东），有些地方则限制比较少（如新疆、山东、河南、湖北）。其中一些对务工农民随迁子女就地高考限制最严的地方恰恰是高等教育资源最丰富的地方，而以问题突出地方为突破口更有助于推进务工农民随迁子女就地高考制度。

第四，依托《高等教育法》及其配套法制定分类高考规则。基于中央高校和地方高校的基本分类，分别依法制定高考规则，有助于从根本上公平解决务工农民随迁子女就地高考问题。首先，对于中央高校，实行依照报名人数的比例分配招生名额的规则。如果中央部属高校能够逐步做到根据各地高考报名人数分配招生名额，并把拟参加高考的务工农民随迁子女纳入所在地高考报名人数，则务工农民随迁子女就地高考就基本不会影响务工农民流入地户籍学生进入中央部属高校的机会。其次，对于地方高校,依照务工农民的居住、就业、社会贡献度及其随迁子女的就学年限确定随迁子女的报考资格。地方高校应主要为本地人口教育服务,不存在招生名额跨地区的公平分配问题。务工农民随迁子女就地高考不可避免地会减少务工农民流入地户籍学生进入地方高校的机会,从而影响后者接受高等教育的权利。对此,务工农民流入地政府可根据务工农民在当地的合法稳定职业、合法稳定住所(含租赁)、按照国家规定参加社会保险的年限及随迁子女在当地连续就学的年限等情况,确定随迁子女在当地参加升学考试的具体条件。[1] 总之,上述分类高考规则能够比较公平地保障务工农民随迁子女就地高考的权利,但该法律制度的最终确立需要依赖于全面的高考改革。

(三)务工农民随迁子女职业教育保障制度

应当保障务工农民随迁子女义务教育后选择职业教育的机会。现代社会分工决定了人力资源需求的多样性,具有综合素质和专业特长的人才都是社会发展所不可或缺的。普通的高中、专科、本科及研究生教育旨在培养综合素养人才,而职业教育则重在培养具有专业特长的实用人才。就业难度较大、工作收入较低等是中国现有职业教育不被务工农民随迁子女看好的主要原因。但发达国家的实践和中国经济社会发展的现状都表明,强化职业教育不仅是未来中国教育发展的重要方向,也为务工农民随迁子女提供了更广阔的职业选择空间。因此,中国应依法采取措施推进务工农民随迁子女的职业教育。

第一,依法强化职业教育制度的衔接性。职业教育的衔接性

---

[1] 《关于做好进城务工人员随迁子女接受义务教育后在当地参加升学考试工作的意见》(国办发〔2012〕46号)。

制度包括内部衔接制度和外部衔接制度。内部衔接制度影响务工农民随迁子女在不同类型职业教育之间的流动，特别是影响中等职业教育与高等职业教育之间的流动。外部衔接制度影响务工农民随迁子女在职业教育和普通教育之间的流动，包括职业教育与普通中等教育之间的衔接、职业教育与普通高等教育之间的衔接。目前的职业教育与普通教育之间的互通性比较差，这意味着务工农民随迁子女一旦选定职业教育，如果想改变职业发展规划或调整专业方向，就需要付出很高的成本，即尽管《职业教育法》把《教育法》确立的职业教育制度给予具体化，并使其体系初步法定化，但各类职业教育制度之间、职业教育与普通教育之间的衔接问题并未依托现有法律得以较好确立，以至于务工农民随迁子女的职业教育的内部与外部衔接只能依托政府政策，且给予了地方政府较大的裁量权，务工农民随迁子女的职业教育权或教育权变得很不确定。北京与上海之间的制度差异及上海制度的局限性可证明这一点。[1] 上海市不仅允许完成全日制中等职业教育的务工农民随迁子女参加本市全日制高等职业教育的自主招生考试，也允许完成全日制高等职业教育的务工农民随迁子女参加本市普通高校的专升本考试；但北京市尽管允许完成全日制中等职业教育的务工农民随迁子女参加本市全日制高等职业教育招生考试，但只有高中毕业后进入高等职业教育的学生才有机会接受本科教育，且只有优秀应届毕业生才能获得推荐。即使上海市允许务工农民随迁子女参加本市普通高校的专升本考试，但由于接受专升本的学校不仅层次低，而且名额有限，职业教育的课

---

　　[1]《关于来沪人员随迁子女就读本市各级各类学校实施意见》（沪府办发 [2013] 73 号）；《进城务工人员随迁子女接受义务教育后在京参加升学考试工作方案》（京政办发 [2012] 62 号）。

程与普通高校课程体系也有差异，因而真正能够从职业教育学校升入普通高等学校的学生很少。尽管现有制度并未关闭务工农民随迁子女接受研究生教育的大门，但能够获得研究生教育机会的学生却是凤毛麟角。为保障务工农民随迁子女的教育权和发展权，有必要依托《教育法》、《高等教育法》、《职业教育法》明确中等职业教育与高等职业教育、高等职业教育与普通高等教育之间的转换路径和规则，并规定优秀职业教育毕业生有接受硕士和博士教育的路径和规则，让接受职业教育的务工农民随迁子女有更多的教育机会选择。为此，既要建立职业教育的学分认可制度，也需建立专业硕士学位研究生和专业博士学位研究生教育与职业教育相衔接的制度。只有职业教育进入、退出制度及内部转换制度设计得公平、合理，职业教育对务工农民随迁子女的吸引力才会增强。

第二，依法提高职业教育质量。不断提升教育质量是职业教育法律制度的基本目标，也是职业教育吸引务工农民随迁子女的根本保障。办学质量高低取决于教学安排和培养模式能否符合职业教育规律。职业教育的应用性决定了职业教育比普通教育更应贴近实践。《职业教育法》要求职业教育学校应当"产教结合"，"与企业密切联系，培养实用人才和熟练劳动者"[1]。学者们强调，职业教育必须以实践为导向，大力推进工学结合的人才培养模式改革，积极开展校企合作。[2]为增强职业教育对务工农民随迁子女的吸引力，应从三个方面落实"产教结合"的法律原则：一是强化课程的职业适应性。职业教育的课程结构和课程内

[1]《职业教育法》(主席令第69号，1996年5月15日发布)，第13条。
[2] 张力跃："中等职业教育困境：从农民为子女进行职业教育选择的视角分析"，载《职业技术教育》2009年第34期。

容应围绕职业教育目的，即培养学生的职业适应力。职业教育课程设计不应是简单地突出实践性内容，而应保障其内容和结构有助于强化学生的职业适应能力。职业教育固然更注重实践，但职业变动风险也要求职业教育的课程不能忽视学生基础理论和通用技能的培养。专业技能和专业基础理论的有效结合才有助于提升学生的职业适应力。二是保障有实践经验教师的适度比例。培养有职业适应力的学生离不开职业感知力强的教师。职业感知力强的教师不只需有实践经验，还应有专业理论基础。法律明确规定，职业学校"可以聘请专业技术人员、有特殊技能的人员和其他教育机构的教师担任兼职教师"。[1] 理论与实践的适度结合才能产生职业感知力强的教师。职业感知力强的教师不仅需要学校培养，也应适时从企业聘任。三是强化学生实践教学的有效性。职业教育需要充分的实践教学，但培养学生的职业适应力不仅需要实践教学的量，也需要实践教学达到一定的质。为此，学校不仅需要有足够数量的职业教学点，还要关注实践教学内容的专业契合性。

　　第三，建立资助务工农民随迁子女职业教育的法律制度。为保障务工农民随迁子女接受职业教育的机会，应向接受职业教育的务工农民随迁子女发放教育援助。这种资助不仅有助于保障务工农民随迁子女的受教育权，也可减轻农业人口转入地普通学校的入学压力，也是对务工农民随迁子女难以进入普通学校的一种补偿。根据《职业教育法》，国家帮助妇女、失业人员、残疾人接受职业教育，支持职业学校对经济困难的学生减免学费或设立

---

〔1〕《职业教育法》（主席令第 69 号，1996 年 5 月 15 日发布），第 36 条。

奖学金予以资助，[1] 即扶助弱势群体接受职业教育是《职业教育法》的一项基本精神。由于立法时的认识水平、立法技术的局限，《职业教育法》未能明确援助弱势群体的原则，但"经济困难的学生"并没有将务工农民随迁子女排除在外。此外，应当在修订的《职业教育法》中明确规定资助弱势群体的职业教育原则。

第二节　改进中国务工农民随迁子女基本医疗保险制度

根据《社会保险法》及国务院《关于开展城镇居民基本医疗保险试点的指导意见》（国发〔2007〕20号）、国务院办公厅《关于将大学生纳入城镇居民基本医疗保险试点范围的指导意见》（国办发〔2008〕119号）等，很多城市都建立了未成年人医疗保险法律制度，且一些城市的制度相当完备，而各地的务工农民随迁子女却无法享受此类待遇。尽管务工农民随迁子女都已参加新农合，且新农合保障水平逐年提高，但新农合侧重于大病和住院补偿，保障水平也低于城镇居民医疗保险，而务工农民随迁子女所处城镇的医疗支出比较高，即使新农合能够异地就医结算，保障力度也比较小。因此，基于务工农民对工作地的贡献，应当依托中央和地方法律构建务工农民随迁子女医疗保险法律制度。首先，应当把《社会保险法》第95条修改为"进城务工的农村居民及其随迁子女依照本法规定参加社会保险"，以确保随迁子女有与务工农民相匹配的社会保险权益；其次，依托地方立

---

〔1〕《职业教育法》（主席令第69号，1996年5月15日发布），第7、32条。

法把务工农民随迁子女纳入本地居民医疗保险制度的覆盖范围。

一、务工农民随迁子女医疗保险制度的界定

务工农民随迁子女医疗保险制度是依法建立的保障务工农民随迁子女医疗权益的社会保险制度。首先，该制度旨在保障务工农民随迁子女的医疗权益。务工农民随迁子女医疗权益是务工农民随迁子女健康权的基础，而健康权是务工农民随迁子女的生存权的核心内容。务工农民随迁子女能否在父母工作地获得公平、合理的医疗条件不仅关系到其能否健康成长及社会的和谐、进步，也是务工农民是否愿意把子女带入城镇生活的考量因素之一。其次，务工农民随迁子女医疗保险制度属于社会保险制度范畴。与商业保险完全依赖于市场机制不同，作为社会保险的务工农民随迁子女医疗保险制度既要体现权利和义务的对应性，又离不开政府的援助。无论务工农民随迁子女家庭是否缴纳费用，政府都需要提供财政补贴。当然，作为社会保险，务工农民随迁子女医疗保险制度对务工农民随迁子女提供的医疗保障也应适度，只能保障基本的医疗服务。再次，务工农民随迁子女医疗保险制度的待遇水平应接近或等同于城镇儿童。如同务工农民已逐步享有城镇职工的医疗待遇，务工农民随迁子女也应享有与城镇职工子女或城镇居民子女相近或相同的待遇。这是社会公平和社会进步的必然要求和基本趋势。最后，务工农民随迁子女医疗保险制度应当依法建立。与务工农民随迁子女相关的新农合制度尚缺乏中央层次的具体法律依据，导致该制度的系统性、稳定性比较差，缺少权威性及效率低下。务工农民随迁子女医疗保险制度应当选择较高的起点，依托法律规范予以推进。成熟的内容可以规范得具体一些，操作性强一点，反之则抽象一点。法律规范的优势有助于保障务工农民随迁子女医疗保险制度的绩效。

应把务工农民随迁子女医疗保险纳入城镇居民医疗保险制度。之所以如此，主要基于以下理由：首先，务工农民随迁子女医疗保险应当与务工农民的贡献相关联。务工农民有责任保障无独立生存能力随迁子女的健康，社会也应当基于务工农民的贡献而为其提供医疗保障。随迁子女医疗保障与务工农民社会贡献的关联性包括两个方面：一是医疗保障待遇的水平与父母的社会贡献度相关联；二是医疗保障服务的提供地与父母劳动贡献地相一致。上述关联性意味着，随迁子女的医疗保障应当由务工地政府依照务工农民为当地做出的贡献来确定和提供。其次，务工农民随迁子女医疗保险应遵循人道主义原则。人道主义要求务工农民随迁子女的医疗保障应当适度、易得。适度是要求医疗保险待遇应当与父母的经济负担水平相匹配，而易得则指随迁子女能够方便地获得医疗服务。由工作地政府依照务工农民经济负担能力和当地的医疗保障能力为随迁子女提供医疗服务保障更符合人道主义所要求的适度性和易得性。最后，务工农民随迁子女医疗保险应结合医疗保险制度发展趋势。城乡一体化的社会发展方向决定了统一城乡居民医疗保险制度是必然趋势。务工农民与务工地城镇户籍职工医疗保险制度的统一及天津、广东、上海等地合并新农合与城镇居民医疗保险制度的实践不仅是该趋势的典型体现[1]，也表明统一医疗保险制度的条件已日趋成熟。因此，应推动建立务工农民随迁子女与城镇户籍儿童相一致的医疗保险制度，让务工农民随迁子女获得公平的、更为有效的医疗保障。

---

[1] 《天津市城乡居民基本医疗保险规定》（津政发［2009］21 号）、《广州市城乡居民社会医疗保险试行办法》（穗府办［2014］47 号）、《上海市城乡居民基本医疗保险办法》（沪府发［2015］57 号）。

二、构建务工农民随迁子女医疗保险制度的基础

中国已建立多项与务工农民随迁子女相关的医疗保障制度。其一，许多城市已建立保障儿童、学生医疗权的特别制度。不少地方除了在城镇居民保险制度中为儿童、学生设定特别规则外，还专门制定独立的规范性文件，[1] 以便为儿童、学生建立更具针对性的医疗保障制度。其二，农村儿童医疗保障制度逐渐健全。不仅新农合制度可确保农村儿童享有相应的医疗待遇，各地还根据卫生部要求开展了提高农村儿童重大疾病医疗保障水平试点工作[2]，也有地方制定了专门适用于学生、儿童的新农合制度[3]，农村儿童医疗权益的保障力度逐渐增强。其三，各地已基本建立务工农民与城镇户籍职工合一的医疗保险制度。为保障务工农民的健康权益，国务院曾要求各统筹地区应依托大病医疗保险统筹基金解决务工农民进城务工期间的住院医疗保障问题，并主要由用人单位缴费；有条件的地方可直接将稳定就业的务工农民纳入城镇职工基本医疗保险。[4] 而《社会保险法》的颁布和实施则迫使各地把有差别的务工农民与城镇户籍职工的二元医疗保险制度合二为一。[5] 其四，部分发达地区开始统一城乡居民医疗保险制度。天津、广东、上海等取消二元分置的新农合和

---

〔1〕《关于实施本市学生儿童大病医疗保险制度的具体办法》（京劳社医发〔2007〕95号）、《上海市中小学生、婴幼儿住院医疗互助基金管理办法》（2011年9月1日）等。

〔2〕《关于开展提高农村儿童重大疾病医疗保障水平工作试点工作的意见》（卫农卫发〔2010〕53号）。

〔3〕《大连高新技术产业园区中小学生及儿童新型农村合作医疗制度试行办法》（大高管发〔2010〕90号）。

〔4〕《关于解决农民工问题的若干意见》（国发〔2006〕5号）。

〔5〕根据《社会保险法》（主席令第35号，2010年10月28日）第95条规定，进城务工的农村居民依照本法规定参加社会保险。

城镇居民医疗保险制度，建立对象范围、筹资标准、待遇水平、经办服务"四统一"的城乡居民医疗保险制度。[1]

上述各类制度为建立务工农民随迁子女医疗保险制度奠定了基础。生活于城镇或农村的儿童、学生的医疗保障制度的逐渐改进不仅基于社会应当保障无独立生存能力者的生存权及让儿童、学生与成年人共享社会发展成果的社会共识，也因为他们与城镇户籍父母、农村户籍父母之间存在的"亲子关系"[2]。这种"亲子关系"不仅在于儿童、学生的医疗保障与其父母的费用承担能力相关联，也体现在医疗保障与其父母工作地点的密切关系上。就前者而言，父母负担能力的强弱虽不能决定儿童、学生的基础性医疗保障却可影响其医疗条件，这是权利义务相对应的内在要求；就后者而言，父母的工作地或居住地应当与儿童、学生的医疗服务地相一致，这是父母子女之间互负照管义务的必然要求。只有满足上述两个条件，医疗保障中的亲子关系才符合人道主义和家庭伦理。当然，医疗保障中的亲子关系要满足上述两条件，父母必须能获得"属地主义"待遇，即，父母能够享有的生活待遇或社会保障待遇与生活地或工作地的其他居民或劳动者相同。由于各地已经建立务工农民与城镇户籍职工合一的医疗保障制度，户籍制度与医疗保险制度紧密关联的传统规则得以打破，务工农民与务工地的城镇户籍劳动者基本享有了同等的医疗保险待遇，即，务工农民获得了"属地主义"待遇。这为构建

---

〔1〕《天津市城乡居民基本医疗保险规定》（津政发〔2009〕21号）、《广州市城乡居民社会医疗保险试行办法》（穗府办〔2014〕47号）、《上海市城乡居民基本医疗保险办法》（沪府发〔2015〕57号）。

〔2〕"亲子关系"是指父母子女关系；父母与子女是血缘最近的直系血亲；养父母与养子女则是法律拟制的最亲近的直系亲属。

体现"亲子关系"的务工农民随迁子女医疗保险制度提供了前提条件。另外，对于随务工农民进城生活的子女而言，如果只能享有其户籍地的新农合待遇，则至少面临两个问题：一是如不能彻底实现异地就医结算，则务工农民随迁子女无法享有父母工作地的医疗服务条件；二是即使能彻底实现异地就医结算，由于新农合的医疗待遇并未与务工农民的费用承担能力挂钩，因此，务工农民随迁子女难以享有与其父母费用承担能力相匹配的医疗保障条件。也就是说，基于"亲子关系"原则，必须建立务工农民随迁子女与城镇户籍儿童相一致的医疗保险制度。虽然上海等地实施的城乡统一居民医疗保险制度基于同一行政区划内经济社会发展融合度高且水平接近的现实，但却反映了医疗保险制度的变迁方向，因而也可为务工农民随迁子女城镇医疗保险制度的构建提供良好的参照和指引。

三、保障对象

由于城镇居民医疗保险与其他各类医疗保险之间可以比较方便地实现转移接续，所以，应当把尽可能多的务工农民随迁子女纳入城镇居民医疗保险之中。首先，凡是有雇主的务工农民的随迁子女都应纳入保险范围。雇主是指各类用人主体，既包括具备法人资格的主体（如国家机关、企业、事业单位、社会团体、民办非企业单位），也包括不具有法人资格的主体（如个体经济组织、家庭）。把具备法人资格的用人主体雇佣的务工农民的随迁子女纳入城镇居民医疗保险具有最大的合理性，而是否把非法人用人主体雇佣的务工农民的随迁子女也纳入城镇居民医疗保险却可以讨论。其实，由于与非法人雇主建立的劳动关系不稳定、薪酬比较低等现实情况，务工农民让其随迁子女参加城镇居民医疗保险的意愿不高。不过，由于城镇居民医疗保险的政府财政补贴较多，保障程度高于新农合，能够有效维护务工农民随迁子女的健康权益，也可大大降低务工农民随迁子女的疾病风险。因此，应允许并激励非法人主体雇佣的务工农民的随迁子女参加城镇居民医疗保险。其次，无雇主务工农民的随迁子女也应尽量纳入城镇居民医疗保险。无雇主务工农民可分为有雇工者和个体劳动者。有雇工的务工农民的家庭收入比较高，有能力和意愿让其子女参加城镇居民医疗保险。而个体劳动者一般收入不高，工作稳定性较差，让其子女参加城镇居民医疗保险的积极性也较低。如同与非法人主体建立劳动关系的务工农民随迁子女一样，允许并鼓励其参加城镇居民医疗保险不仅可保障其健康权益，降低家庭医疗负担风险，也有助于个体劳动者融入城镇。

各地应根据实际情况而逐渐把所有务工农民随迁子女纳入城镇居民医疗保险。尽管把所有务工农民随迁子女纳入城镇居民医疗保险是大势所趋，但考虑到各地财政状况和社会接受度，逐步推进务工农民随迁子女参加城镇居民医疗保险更具可行性。当然，推进步骤、推进重点可因地制宜。经济发展水平高、财政状况好的地方可把所有用人主体雇佣的务工农民的随迁子女及有雇工者的务工农民的随迁子女纳入城镇居民医疗保险；经济发展水平较高、财政状况较好的地方可把所有法人用人主体雇佣的务工农民的随迁子女及年纳税额不低于一定数额的有雇工者的务工农民的随迁子女纳入城镇居民医疗保险；经济发展水平及财政状况一般的地方则可仅把年纳税额不低于一定数额的法人用人主体雇佣的务工农民的随迁子女及有雇工者的务工农民的随迁子女纳入城镇居民医疗保险。随着经济水平的提高及财政状况的改善，各地再逐渐放宽务工农民随迁子女参加城镇居民医疗保险的条件，直至把所有务工农民随迁子女都纳入城镇居民医疗保险。

四、资金筹措

依法确立合理的筹资标准。各地居民医疗保险筹资标准一般采用分类确定的方式，即，依照学生与儿童、老年居民、非从业居民等参保对象的不同而分别制定筹资标准。其中，务工农民随迁子女的社会医疗保险筹资标准远低于其他人群。原因在于，务工农民随迁子女的健康状况整体较好，整体医疗费用支出比较少，筹资标准不宜太高，且缺少独立获得收入的能力。天津市把城乡居民医疗保险的成年人筹资标准分为三档，而这三档筹资标准分别是学生、儿童筹资标准的 2.2 倍、3.5 倍和 5.6 倍；[1]北京市老年人和无业居民的居民医疗保险的筹资标准分别是学生、儿童的 3 倍和 6 倍。[2]由于各地的筹资标准都建立于测算基础之上，上述两地制定的筹资标准具有一定的代表性。同样地，作为务工农民随迁子女也应参照上述标准纳入城镇居民医疗保险。分类确定筹资标准能够把不同参保对象的医疗风险大小同社会保障缴费多少对应起来，可较好地体现权利义务的一致性，因而是保障制度公平的基础。

务工农民随迁子女社会医疗保险资金筹措实行个人缴费与政府补贴相结合的方式。个人缴费能够体现务工农民随迁子女医疗保险权利和义务的对应性，而社会保险的性质及务工农民随迁子女缺少自我经济保障能力的特点则决定了政府的资金补贴义务。实践中，各地居民社会保险中学生、儿童筹资中的政府补贴额度往往等于或大于个人缴费额度。[3]其原因在于，学生、儿童的

〔1〕《天津市城乡居民基本医疗保险规定》（津政发〔2009〕21 号），第 9 条。
〔2〕《北京市城镇居民基本医疗保险办法》（京政发〔2010〕38 号），第 6 条。
〔3〕《天津市城乡居民基本医疗保险规定》（津政发〔2009〕21 号），第 9 条；《北京市城镇居民基本医疗保险办法》（京政发〔2010〕38 号），第 6 条。

筹资标准较低，且儿童无缴费能力，而提高财政补贴不但不会大幅度增加政府负担，却可相应减轻学生、儿童的家庭压力。总之，务工农民随迁子女社会医疗保险资金筹措适用个人缴费与政府补贴相结合的原则，不仅是统一制度下不同人群之间公平的必然要求，也能够降低务工农民的经济压力，还可保障务工农民随迁子女享有优于新农合的医疗保障待遇。

五、保障内容

务工农民随迁子女城镇居民医疗保险制度的保障内容应符合学生、儿童特点。学生、儿童的年龄特点决定了意外伤害、大病是其主要医疗风险，因而，务工农民随迁子女对意外伤害医疗保障、大病保障和住院医疗费用补贴有特别的需求。首先是意外伤害医疗保障。作为学生、儿童的务工农民随迁子女大多爱动爱跳、风险防范意识淡薄，意外伤害率高，因此适用于务工农民随迁子女的城镇居民医疗保险制度应建立学生、儿童意外伤害保险制度。其实，许多地方都专门建立了针对城镇或农村学生、儿童的意外伤害保险制度。依照天津市的规定，凡参加城乡居民基本医疗保险的学生、儿童，从个人缴费中按照一定数额标准筹集意外伤害附加保险资金，用于支付学生、儿童因意外伤害发生的医疗费用以及因意外造成伤残、死亡的补助金；大连高新技术园区也把学生、儿童的门诊药费和住院费用作为保障重点。[1] 城镇居民医疗保险中的意外伤害医疗保障制度既可为务工农民随迁子女的身体健康提供有力保障，也可降低务工农民家庭的医疗费用

---

[1] 《天津市城乡居民基本医疗保险规定》（津政发〔2009〕21号），第18条；《大连高新技术产业园区中小学生及儿童新型农村合作医疗制度试行办法》（大高管发〔2010〕90号），第11条等。

支出。其次是大病保障制度。一些重大疾病危害学生、儿童的健康、生命，医疗费用高，且不少疾病若及时治疗就能够痊愈或产生良好的效果。为保障学生、儿童的健康权，减轻家庭负担，中国政府一直努力建立城乡儿童大病医疗保险制度。根据卫生部、民政部《关于开展提高农村儿童重大疾病医疗保障水平试点工作的意见》（卫农卫发〔2010〕53号）要求，全国各地依托新农合制度开展了提高农村儿童重大疾病医疗保障水平的工作，并取得良好效果；不少城市建立了适用于学生、儿童的大病医疗保险制度[1]。基于此，为保障务工农民随迁子女的健康权，并减轻务工农民子女的负担，有必要依托适用于务工农民随迁子女的城镇居民医疗保险制度建立大病医疗保险制度。最后是住院医疗费用补贴制度。相对于门诊医疗费用，住院医疗费用更高，因而是各类医疗保险的保障重点。经济发展水平较低、财政支出压力较大的地方往往把保障的重点首先放在住院医疗方面。与意外伤害、大病相比，务工农民随迁子女因病住院的概率更高，住院医疗费用更是务工农民随迁子女家庭的巨大负担，建立适度的住院医疗费用补偿制度十分必要。

六、制度衔接

务工农民随迁子女只能选择参加新农合或城镇居民基本医疗保险。由于新农合和城镇居民基本医疗保险都是社会保险，政府为两类社会保险提供财政补贴，如果允许务工农民随迁子女同时参加上述两类社会医疗保险则有违制度公平，城乡居民只能选择一种。因此，如果务工农民随迁子女选择参加城镇居民基本医疗

---

[1]《北京市关于实施本市学生儿童大病医疗保险制度的具体办法》（京劳社医发〔2007〕95号，2007年6月12日发布）等。

保险，就必须退出新农合；同样地，也应当允许务工农民随迁子女由城镇居民基本医疗保险自由转入新农合。而要实现务工农民随迁子女在两类制度之间的自由流动，必须构建制度衔接机制。鉴于两类制度都实行现收先付，无个人账户，务工农民随迁子女在两类制度间流动不需办理个人账户费用转移手续。基于此，如何顺利办理转移手续就成为问题的关键。法律必须建立完备、方便的手续办理程序，以规范两类制度的经办机构，维护务工农民随迁子女的信息转移权，保障务工农民随迁子女的社会医疗保险选择权。一般而言，务工农民随迁子女的社会医疗保险应当与其父母的社会医疗保险相一致，即，如果务工农民选择参加城镇职工基本医疗保险，其子女也应当选择参加城镇居民基本医疗保险，反之，务工农民选择参加新农合，其子女也应当选择参加新农合。因为只有如此，务工农民才能与其子女生活在一起，才方便务工农民对其子女的照管，才有利于务工农民随迁子女的身心健康。但是，务工地的教育障碍、医疗成本等也会导致务工农民被迫把其子女留在农村。显然，务工农民随迁子女的社会医疗保险类型主要由其父母决定。公共权力尽量引导务工农民随迁子女与父母生活在一起，而一旦务工农民为其选定社会医疗保险类型，则国家应依法为其医疗信息转移提供方便。

第三节 创新保障中国务工农民随迁子女
权益的人口管理与服务制度

只有务工农民随迁子女能够逐渐享有城市常住人口应当享有的公共服务，并有机会获得城市户籍，务工农民随迁子女才有机会市民化，农村留守儿童才会逐渐减少，中国农村留守儿童问题才会逐渐消解。

一、城镇常住人口管理与服务法律制度与务工农民随迁子女权益

中国城镇常住人口管理与服务制度处在变迁之中。尽管户籍制度依然是中国主要的城市人口制度，但户籍制度并不是唯一的人口制度。对务工农民而言，户籍制度不仅影响其自由流动，也阻碍其公平地享有各项城市公共福利。从 1984 年开始，无论是暂住证、临时居住证，还是居住证，皆成为城市管理和服务外来人口的重要手段。只不过，起初的暂住证、临时居住证的主要功能在于社会治安管理，而后逐渐把社会服务与其捆绑；包括务工农民在内的城市流动人口也由最初的被动领证变为主动申请，以便依托暂住证、临时居住证或居住证享受到更多的城市公共服务。虽然城市政府逐渐淡化了借助居住证等形式管理务工农民等城市流动人口的思维，但由于这些证件承载着大量的利益，因而成为不少城市控制人口规模、调整人口结构、把控城市社会治理的重要手段。随着国务院《关于进一步推进户籍制度改革的意见》（国发［2014］25 号）（下文简称《户改意见》）和《居住证暂行条例》的颁布实施，居住证将取代暂住证、临时居住证而在全国普遍推行；各类城市将通过居住证为非户籍常住人口提供公共服务和便利，人口压力大的城市将依托居住证积分制度有步骤地提升常住人口户籍化的水平。作为一项户籍替代制度，居住证制度将发挥日益重要的流动人口疏导作用；作为中国户籍改革过渡期的制度，居住证制度承担的是承前启后的功能。

中国务工农民随迁子女权益的实现仍需依托城镇常住人口管理与服务制度的变革。一方面，务工农民随迁子女主要依托流动人口制度享受城镇公共服务和便利。务工农民随迁子女与所在城镇户籍儿童在教育、医疗、社会救助等领域享有的权益相差悬殊。不论是学前教育、义务教育，还是高中教育，务工农民随迁子女都很难享有与所在城镇户籍儿童同等的教育机会。尽管两类儿童在义务教育方面的权益相差较少，但各地仍然优先保障户籍儿童的义务教育权；在实施积分制的大城市，务工农民随迁子女要获得义务教育机会必须满足相应的条件。[1]无法公平地获得所在地的高考机会对务工农民随迁子女的影响尤为突出。同样地，务工农民随迁子女在许多大城市也无法像当地户籍儿童一样参加居民医疗保险，[2]健康保障因而受到限制。另一方面，无法享受城镇公共服务和便利的务工农民随迁子女仍然很多。2016 年，全国外出务工农民 16 934 万人；[3]根据国家的城镇发展规划推算，2020 年城镇非户籍人口也要占到全国总人口的 15%。[4]这些无城镇户籍的城镇人口不少为务工农民随迁子女，他们将无法充分地享有所在城镇的教育、医疗等资源，而这又与户籍制度、居住证制度紧密关联。要改善务工农民随迁子女的处境，必须改进城镇流动人口制度，推进户籍制度、居住证制度改革。

二、依托居住证制度保障务工农民随迁子女权益

居住证制度是维护务工农民随迁子女权益的重要过渡性措

---

〔1〕《关于来沪人员随迁子女就读本市各级各类学校实施意见》（沪府办发〔2013〕73 号）。

〔2〕《上海市城乡居民基本医疗保险办法》（沪府发〔2015〕57 号）第 2 条及《上海市城乡居民基本医疗保险办法实施细则》（沪人社医发〔2015〕47 号）的"适用对象"。

〔3〕《2016 年国民经济和社会发展统计公报》（国家统计局 2017 年 2 月 28 日发布）。

〔4〕根据《国家新型城镇化规划（2014～2020 年）》（中共中央、国务院 2014 年 3 月 17 日发布），2020 年常住人口城镇化率达到 60% 左右，户籍人口城镇化率达到 45% 左右。

施。从 1984 年深圳市实施的暂住证到今天开始推行的居住证的制度变迁体现了务工地政府对务工农民及其子女等家庭成员态度的深刻转变，即从单纯人口管理到人口管理兼顾公共服务，再至突出公共服务。国务院在 2010 年 5 月 27 日转发了国家发改委《关于 2010 年深化经济体制改革重点工作的意见》（国发［2010］15 号），提出逐步在全国范围内实行居住证制度；《户改意见》提出了"促进有能力在城镇稳定就业和生活的常住人口有序实现市民化，稳步推进城镇基本公共服务常住人口全覆盖"的户籍制度改革目标，并宣布"全面实施居住证制度"。根据《户改意见》，国务院颁布了《居住证暂行条例》，以便把居住证制度法制化、具体化。尽管中国正在全面实施的居住证制度是从农村、城镇二元分立户口制度向全国统一户口制度过渡阶段的制度安排，但它较好地考虑了中国户籍制度的历史和现实，能够兼顾务工农民及其子女等家庭成员权益和城镇居民实际利益，符合中国社会演进的方向和趋势。政府应当依托该制度为务工农民随迁子女提供合理的公共服务和社会保障，以维护务工农民随迁子女的生存权和发展权，引导更多的农村留守儿童转变为务工农民随迁子女，以推动中国社会结构的转型。

健全持有居住证的务工农民随迁子女公共服务法律制度。各地应结合经济社会条件及持有居住证务工农民的稳定居住年限、缴纳社会保险年限、子女连续就学年限等条件分类确定务工农民随迁子女享有教育、医疗、社会救助等社会保障、公共服务的类型，并随着时间的推移而逐渐放宽享受这些待遇的条件。根据《户改意见》，应以居住证为载体，建立健全与居住年限等条件相挂钩的基本公共服务提供机制；并特别强调结合随迁子女在当地连续就学年限等情况，让随迁子女逐步享有在当地参加中考和高考的资格。依照《居住证暂行条例》的规定，居住证持有人在居住地享受与当地户籍人口同等的基本公共服务包括免费接受义务教育、享受基本公共卫生服务、公共文化体育服务等。各地应当依照《户改意见》和《居住证暂行条例》的精神制定地方法规或地方规章，明确务工农民随迁子女可以享有接受教育、参加医疗保险、享受社会救助和社会福利待遇的条件。经济社会发展水平比较高的地区应当为务工农民随迁子女提供更多的基本公共服务。鉴于一些地方可能过度迁就城镇户籍人口诉求的状况，而《居住证暂行条例》又没有设定制度底线，被赋权制定实施办法的设区的市级以上地方政府可能会过度忽视务工农民随迁子女的合理权益。为此，国务院应当尽快总结经验并修改《居住证暂行条例》，以细化相关制度，约束地方立法机构。条件成熟时，应当尽早由全国人大常委会制定《居住证法》，为务工农民随迁子女权益的保障提供稳定有利的法律制度。最为重要的是应调整立法技术：一方面，应限制或取消"塔式立法"[1]，以防止下级法律实质上逾越上级法律。另一方面，即使是赋予下级立法机关权力，也不可采取单纯"负面清单"模式，而宜运用"负面清单"兼"正面清单"的混合模式。《居住证暂行条例》应当发挥统领地方法的作用，与地方立法机构合理分享持有居住证务工农民随迁子女权益的决定权。

依托居住证保障务工农民随迁子女基本教育权。《居住证暂行条例》仅明确了持证人可以获得接受义务教育的机会，并未提

---

〔1〕 所谓"塔式立法"，是指最高权力机关制定的法律非常抽象，制定大量下级法律和政策后才具有可操作性；级别越低的规范，数量越多；全部规范依照级别区分而形成的示意图类似一座塔，塔顶是最高立法机关制定的法律。该模式的弊端是法律体系复杂，容易出现法律冲突、法律漏洞及适法错误。

及能否及如何享有学前教育、高中教育、高等教育及职业教育的
问题。[1]其实，北京、上海、天津等人口压力大的城市不仅逐渐
向务工农民随迁子女开放了义务教育，也基本放开了中等和高等
职业教育。[2]而在人口压力不大的城市则把非义务教育甚至高等
教育也向务工农民随迁子女开放。依此而言，《居住证暂行条
例》在教育领域不仅未有突破，而且还落后于现实。尽管务工农
民随迁子女无法直接依托《居住证暂行条例》获得更多教育机
会，但各地无疑享有比较大的自主权。《居住证暂行条例》也鼓
励国务院有关部门、地方各级人民政府及其有关部门积极创造条
件，逐步扩大为居住证持有人提供公共服务和便利的范围，提高
服务标准。[3]由于《居住证暂行条例》关于务工农民随迁子女
基本教育的起点太低，所以，几乎所有地方都有机会予以突破。
然而，正因为《居住证暂行条例》未提出较高标准，地方政府
也必然缺少在涉及地方利益的公共教育领域打破既有制度藩篱的
动力。中央政府应当依法推动地方通过居住证积分制度逐渐向务
工农民随迁子女开放城镇非义务教育。而上海规定，持有居住证
且积分达到标准分值者的子女不仅有机会接受学前教育、高中教
育，也有机会参加高考。这应当成为各类城市，尤其是大城市，
向务工农民随迁子女开放非义务教育的模式。中央政府宜循此路
径做好顶层设计，引导地方政府向务工农民随迁子女开放公共教

---

〔1〕《居住证暂行条例》（国务院令第 663 号，2015 年 10 月 21 日发布），第 12
条等。

〔2〕《进城务工人员随迁子女接受义务教育后在京参加升学考试工作方案》（京
政办发〔2012〕62 号）；上海市教委等：《关于来沪人员随迁子女就读本市各级各类
学校实施意见》（沪府办发〔2013〕73 号）；天津市人民政府：《天津市居住证管理暂
行办法》（津政发〔2013〕31 号），第 19 条。

〔3〕《居住证暂行条例》（国务院令第 663 号，2015 年 10 月 21 日），第 14 条。

育。当然，与《居住证暂行条例》不一致的旧有地方法律也应予以调整。《深圳经济特区居住证条例》不仅把居住证的申请人限定为有合法稳定职业者，也未明确规定持证者的子女应当享有的权益，[1]基本剥夺了务工农民随迁子女根据居住证制度获得基本教育的机会，该地方法规显然需要调整。

完善持有居住证务工农民随迁子女积分医疗保障制度。医疗保障是务工农民随迁子女面临的仅次于教育保障的问题。目前，各地已经基本依照《社会保险法》的精神把外来务工人员纳入城镇职工基本医疗保险制度，而无独立生存能力的外来务工农民的随迁未成年子女如果无法享有所在城市的医疗待遇和便利，将加重务工农民家庭的负担，并影响务工农民随迁子女健康权的实现。既然务工农民已经能基本享有与所在城镇户籍职工类似的医疗保障权，务工农民抚养的未成年子女如不能享有所在城镇户籍职工抚养的未成年子女类似的医疗保障权，则意味着两类未成年子女在医疗保障领域的地位明显不平等。不过，依照《居住证暂行条例》，居住证持有人在居住地依法享受参加社会保险的权利，而只要在某一城市居住半年以上，符合有合法稳定就业、合法稳定住所、连续就读条件之一的，就可以依照本条例的规定申领居住证。[2]依此而言，只要务工农民的随迁子女在城市读书就可获得居住证，就能够参加包括医疗保险在内的各类社会保险，且能够依托所在城市的城镇居民医疗保险制度来实现。然而，目前尚无地方法律和政策明确规定直接把务工农民随迁子女纳入城镇居

〔1〕《深圳经济特区居住证条例》（深圳市人大常委会 2014 年 10 月 30 日发布），第 19、31 条。
〔2〕《居住证暂行条例》（国务院令第 663 号，2015 年 10 月 21 日发布），第 2、12 条。

民医疗保险制度，但一些地方正在探索为务工农民随迁子女提供医疗保险的其他制度。依照上海市的规定，持有《上海市居住证》且积分达到标准分值人员的 18 周岁以下同住子女可以参加城乡居民基本医疗保险，[1]即，只要务工农民持有《上海市居住证》且积分达到标准分值，其随迁子女就可参加上海城乡居民医疗保险。该规定的确为不少务工农民随迁子女享受城市医疗保险待遇提供了机会。尽管根据现行居住证法律的规定，务工农民获得上海的居住证变得非常容易，但大部分务工农民却因缺少高等教育、技术专长等因素而很难满足上海居住证积分的标准分值要求，[2]相当多的务工农民随迁子女无法依此获得上海城乡居民医疗保险制度的保障。因此，只有规定持有居住证的务工农民随迁子女有权参加城镇居民医疗保险，才能充分落实《居住证暂行条例》赋予居住证持有人的社会保障权，使务工农民参加城镇职工医疗保险所体现的公平原则延伸到务工农民随迁子女身上，从而有效保障务工农民随迁子女的健康权。

三、依法推进务工农民随迁子女城镇落户制度

现有城镇落户制度有待进一步改进。根据《户改意见》，在县级市市区、县人民政府驻地镇和其他建制镇有合法稳定住所（含租赁）的人员，本人及其共同居住生活的配偶、未成年子女、父母等，可以在当地申请登记常住户口。[3]从已颁布实施意

---

〔1〕《上海市城乡居民基本医疗保险办法》（沪府发〔2015〕57 号）第 2 条及《上海市城乡居民基本医疗保险办法实施细则》（沪人社医发〔2015〕47 号）的"适用对象"。

〔2〕《上海市居住证积分管理办法》（沪府发〔2015〕31 号），第二、三章。

〔3〕《国务院关于进一步推进户籍制度改革的意见》（国发〔2014〕25 号）。

见的地方看，除少数经济比较发达、外来人口压力比较大的地区[1]外，大部分地方都放开了县级市市区、县人民政府驻地镇和其他建制镇的户口限制。许多地方尽管对在地级市落户有一定限制，但大多门槛很低。依照山东省的政策，除济南和青岛以外，不具有本市辖区户口的人员，在本市市区有合法稳定住所（含租赁）和合法稳定就业，同时按规定参加当地社会保险1年以上的，本人及其共同居住生活的配偶、未婚子女、父母，就可在当地申请登记常住户口。[2]根据广东省的政策，在河源、韶关、梅州、汕尾、阳江、肇庆、清远、潮州、云浮等地级市的城区合法稳定就业满3年并有合法稳定住所，同时按照有关规定参加社会保险满3年的人员，本人及其共同居住生活的配偶、未成年子女、父母等，就可在当地申请登记常住户口。[3]由于大部分县级市和建制镇的户口已全部放开，相当多的地级市落户条件也很宽松，务工农民及其随迁子女在这些城镇落户几乎没有难度，这些城镇转移人口随迁子女的教育保障、医疗保障、社会救助等社会保障权益比较容易得以实现。但人口压力大的特大城市、大城市及少量建制镇[4]的随迁子女的落户问题仍面临诸多障碍。虽然严格的制度安排有助于缓解一些城市的人口压力，但作为特大城市、大城市及少量建制镇的重要社会贡献者的务工农民，其

---

〔1〕 如广州、深圳、珠海、佛山、东莞、中山所属的小城市和建制镇尚未全面放开入户限制。参见《广东省人民政府关于进一步推进户籍制度改革的实施意见》（粤府〔2015〕63号）。

〔2〕《山东省人民政府关于贯彻国发〔2014〕25号文件进一步推进户籍制度改革的意见》（鲁政发〔2014〕18号）。

〔3〕《广东省人民政府关于进一步推进户籍制度改革的实施意见》（粤府〔2015〕63号）。

〔4〕 关于小城市、中等城市、大城市、特大城市的划分标准，参见《国务院关于进一步推进户籍制度改革的意见》（国发〔2014〕25号）。

子女也应依托户口制度享有相应的教育、医疗等权利。

完善特大城市、大城市的居住证持有人积分落户法律制度。由于 300 万以上的大城市和特大城市（500 万以上人口）及其所辖的建制镇的人口承受力已接近极限，不宜放松人口控制，应严格控制务工农民及其子女落户，但可采取公平、合理、稳妥的积分方式推进务工农民及其子女落户。积分落户制度是指把决定务工农民等外来人口获得城镇户口的因素折合成相应的分值，各项分值加总后达到一定标准才能获得城镇户口的制度。目前，上海、广东、天津等已实行该制度。上海的居住证积分指标体系由基础指标、加分指标、减分指标和一票否决指标组成，[1]天津的居住证积分指标体系则包括基本分、导向分、附加分和负积分，[2]广州市设置的积分入户指标包括文化程度、技术能力、职业资格或职业工种、社会服务和纳税五项，[3]深圳把外来务工人员积分入户指标分为个人素质、居住情况、参保情况、奖励加分及减分指标等。[4]积分入户制度依托多样化的指标筛选入户人选，标准比较客观、合理，易于操作，可避免不必要的主观因素干扰，有利于公平竞争，既可为引入不同类型的社会人才提供方便，也能维护务工农民及其子女的生存权和发展权。不过，现有积分落户制度仍有不足：其一，积分落户制度的法制化程度比较低。虽然上海、深圳等已经实施积分落户的地方制定了地方规章，并对积分制度的适用对象、积分指标的体系、办理流程等作了明确规定，但是，《户改意见》颁布后，只有国务院制定了

---

〔1〕《上海市居住证积分管理办法》（沪府发〔2015〕31 号），第二章。
〔2〕《天津市居住证管理暂行办法》（津政发〔2013〕31 号），第五章。
〔3〕《广州市积分制入户管理办法》（穗府〔2014〕10 号），第 5 条。
〔4〕《深圳市外来务工人员积分入户试行办法》（深府办〔2011〕59 号），第 6 条。

《居住证暂行条例》，各地仅制定了政策性的实施意见，并未有
地方立法跟进，从而使得积分落户制度缺乏法律保障。其二，现
有积分落户制度中学历、职称、技术特长、投资、收入的权重过
高，而居住年限、社会保险缴纳年限所占比重过低。依照现有制
度，绝大多数务工农民根本没有机会依照积分落户制度获得上
海、天津、深圳的城镇户口。其中，上海 2013 年底外来常住人
口 990.01 万，[1]而 2013 年积分落户仅 3000 人[2]；广州市 2013
年底外来常住人口 460.37 万[3]，而 2013～2014 年仅有 6000 人
通过积分制得到了广州户口。[4]基于此，应完善积分落户制度：
一是推进积分落户制度的法定化。一方面，应在总结《居住证暂
行条例》实施经验的基础上尽快制定《居住证法》，并在该法中
明确居住证积分落户规则；另一方面，各地应依照《户改意见》
及《居住证暂行条例》制定地方法规或地方规章，使积分落户
制度有法可依。二是人口压力较小的大城市与特大城市要制定较
为宽松的积分落户规则，增加居住年限和缴纳社会保险年限的积
分权重，给予务工农民及其子女落户的机会。三是人口压力较大
的大城市与特大城市应严格入户条件，但也应设定合理的积分落
户规则，适当增加居住年限和缴纳社会保险年限的积分权重，为
务工农民及其子女提供适当的落户机会，改变现行积分落户制度

---

〔1〕 中国上海官网，http：//www.shanghai.gov.cn/nw2/nw2314/nw3766/nw3783/nw3784/u1aw9.html，最后访问日期：2015 年 11 月 2 日。

〔2〕 "多种积分方式 完善考核制度"，载新华网，http：//www.sd.xinhuanet.com/sdws/2014 - 03/18/c_119820978.htm，最后访问日期：2015 年 11 月 2 日。

〔3〕 中国广州政府官网，http：//www.gz.gov.cn/gzgov/s2771/zjgzlistcon.shtml，最后访问日期：2015 年 11 月 2 日。

〔4〕 "2014 上海积分入户细则"，载 http：//yjbys.com/hukou/723835.html，最后访问日期：2015 年 11 月 2 日。

几乎不能给予普通务工农民及其子女落户机会的状况。

推进人口压力小的城市和建制镇务工农民随迁子女城镇直接落户制度。依照《居住证暂行条例》，建制镇和城区人口50万以下的小城市的落户条件为在城市市区、县人民政府驻地镇或者其他建制镇有合法稳定住所；城区人口50万~100万的中等城市的落户条件为在城市有合法稳定就业并有合法稳定住所，同时按照国家规定参加城镇社会保险达到一定年限，且对参加城镇社会保险年限的要求不得超过3年；城区人口100万~500万的大城市的落户条件为在城市有合法稳定就业达到一定年限并有合法稳定住所，同时按照国家规定参加城镇社会保险达到一定年限，但对参加城镇社会保险年限的要求不得超过5年。[1]这些规定基本没有为务工农民随迁子女城镇落户设定过高门槛，甚至可以说近于取消了务工农民随迁子女城镇落户的限制。因此，关键是如何快速并充分落实上述制度精神。由于《居住证暂行条例》只是把《户改意见》的相关规定予以法定化，并未进一步细化《户改意见》的原则性规定。这样一来，细化并落实制度精神的责任就转由地方政府承担。从各地现有的省级实施意见看，大部分省级政府又把具体责任交由市级政府。这种责任层层下放的做法有助于各地结合实际制定更有针对性的规则，但也会造成规则不统一、制度变样、拖延过久等问题。鉴于此，中央政府应当加强法律实施督导，特别是督促地方政府及时制定有效落实中央政府精神的政策和法律，并对政策和法律的落实进行跟踪检查，并采取有效的制约措施。

---

〔1〕《居住证暂行条例》（国务院令第663号，2015年11月26日发布），第16条。

主要参考文献

一、著作

1. 北京大学哲学系外国哲学史教研室编译：《西方哲学原著选读（上、下卷）》，商务印书馆 1981 年版。

2. 邹永贤等：《现代西方国家学说》，福建人民出版社 1993 年版。

3. 黄枬森、沈宗灵主编：《西方人权学说（上卷）》，四川人民出版社 1994 年版。

4. 夏勇：《人权概念起源》，中国政法大学出版社 1996 年版。

5. 宋林飞：《西方社会学理论》，南京大学出版社 1997 年版。

6. 丁文：《家庭学》，山东人民出版社 1997 年版。

7. 覃有土、樊启荣编：《社会保障法》，法律出版社 1997 年版。

8. 黄安年：《当代美国的社会保障政策：1945～1996》，中国社会科学出版社 1998 年版。

9. 方乐华编：《社会保障法论》，世界图书出版公司 1999 年版。

10. 邓大松：《美国社会保障制度研究》，武汉大学出版社 1999 年版。

11. 郝卫江：《尊重儿童的权利》，天津教育出版社 1999 年版。

12. 丁建定：《从济贫到社会保险——英国现代社会保障制度的建立（1870～1914）》，中国社会科学出版社 2000 年版。

13. 陈银娥：《现代社会的福利制度》，经济科学出版社 2000 年版。

14. 吕学静编：《日本社会保障制度》，经济管理出版社 2000 年版。

15. 史探径主编：《社会保障法研究》，法律出版社 2000 年版。

16. 孙炳耀主编：《当代英国瑞典社会保障制度》，法律出版社 2000 年版。

17. 郑功成：《社会保障学——理念、制度、实践与思辨》，商务印书馆 2000 年版。

18. 王东进主编：《中国社会保障制度的改革与发展》，法律出版社 2001 年版。

19. 和春雷等：《当代德国社会保障制度》，法律出版社 2001 年版。

20. 和春雷主编：《社会保障制度的国际比较》，法律出版社 2001 年版。

21. 董保华等：《社会法原论》，中国政法大学出版社 2001 年版。

22. 刘燕生：《社会保障的起源、发展和道路选择》，法律出版社 2001 年版。

23. 李迎生：《社会保障与社会结构转型：二元社会保障体系研究》，中国人民大学出版社 2001 年版。

24. 杨冠琼主编：《当代美国社会保障制度》，法律出版社 2001 年版。

25. 陈新民：《德国公法学基础理论（下册）》，山东人民出版社 2001 年版。

26. 林嘉：《社会保障法的理念、实践与创新》，中国人民大学出版社 2002 年版。

27. 马长山：《国家、市民社会和法治》，商务印书馆 2002 年版。

28. 俞可平等：《中国公民社会的兴起与治理的变迁》，社会科学文献出版社 2002 年版。

29. 杨翠迎：《中国农村社会保障制度研究》，中国农业出版社 2003 年版。

30. 李双元、李赞、李娟：《儿童权利的国际法律保护》，人民法院出版社 2004 年版。

31. 王雪梅：《儿童权利论：一个初步的比较研究》，社会科学文献出版社 2005 年版

32. 贺颖清:《福利与权利:挪威儿童福利的法律保障》,中国人民公安大学出版社 2005 年版。

33. 成海军主编:《中国特殊儿童社会福利》,中国社会出版社 2005 年版。

34. 王彦斌、赵锦云主撰:《儿童福利社会化重构——"昆明模式"》,社会科学文献出版社 2006 年版。

35. 王秋香:《农村"留守儿童"社会化的困境与对策》,西南交通大学出版社 2008 年版。

36. 叶敬忠、杨照:《关爱留守儿童——行动与对策》,社会科学文献出版社 2008 年

37. 刘继同:《国家责任与儿童福利:中国儿童健康与儿童福利政策研究》,中国社会出版社 2010 年版。

38. 王勇民:《儿童权利保护的国际法研究》,法律出版社 2010 年版。

39. 朱卫红:《留守儿童心理发展研究》,云南大学出版社 2010 年版。

40. 谢妮、申健强、陈华聪:《农村留守儿童教育现状研究》,经济科学出版社 2010 年版。

41. 全国妇联儿童工作部编:《农村留守流动儿童状况调查报告》,社会科学文献出版社 2011 年版。

42. 管华:《儿童权利研究——义务教育阶段儿童的权利与保障》,法律出版社 2011 年版。

43. 尚晓援等:《中国儿童福利前沿(2011)》,社会科学文献出版社 2011 年版。

44. 尚晓援等:《中国儿童福利前沿(2012)》,社会科学文献出版社 2012 年版。

45. 杨雄主编:《儿童福利政策》,上海人民出版社 2012 年版。

46. 向运华:《台港澳地区社会福利体系研究》,社会科学文献出版社 2012 年版。

47. 任苇:《留守儿童心理健康教育》,开明出版社 2012 年版。

48. 张鸿巍:《儿童福利法论》,中国民主法制出版社 2012 年版。

49. 韩晶晶:《儿童福利制度比较研究》,法律出版社 2012 年版。

50. 王本余:《教育与权利:儿童的教育权利及其优先性》,福建教育出版社 2012 年版。

51. 江立华等:《转型期留守儿童问题研究》,上海三联书店 2013 年版。

52. 陈旭主编:《留守儿童的社会性发展问题与社会支持系统》,人民出版社 2013 年版。

53. 王谊:《农村留守儿童教育研究:基于陕西省的实地调研》,中国农业出版社 2013 年版。

54. 佘凌:《留守经历与农村儿童发展:家庭与社会化的视角》,上海社会科学院出版社 2013 年版。

55. [奥]赖因哈德·西德尔:《家庭的社会演变》,王志乐等译,商务印书馆 1996 年版。

56. [奥]凯尔森:《法与国家的一般理论》,沈宗灵译,中国大百科全书出版社 1996 年版。

57. [联邦德国]卡尔·艾利希·博恩等:《德意志史(第 3 卷·上)》,张载扬等译,商务印书馆 1991 年版。

58. [德]威廉·冯·洪堡:《论国家的作用》,林荣远、冯兴元译,中国社会科学出版社 1998 年版。

59. [德]霍尔斯特·杰格尔:《社会保险入门:论及社会保障法的其他领域》,刘翠霄译,中国法制出版社 2000 年版。

60. [德]马克斯·韦伯:《法律社会学》,康乐、简惠美译,广西师范大学出版社 2005 年版。

61. [德]N. 霍恩:《法律科学与法哲学导论》,罗莉译,法律出版社 2005 年版。

62. [德]黑格尔:《法哲学原理》,杨东柱、尹建军、王哲编译,北京出版社 2007 年版。

63. [德]罗伯特·阿列克西:《法:作为理性的制度化》,雷磊编译,中国法制出版社 2012 年版。

64. ［法］米歇尔·波德：《资本主义史（1500～1980）》，吴艾美、杨慧玫、陈来胜译，上海辞书出版社 2011 年版。

65. ［法］莱昂·狄骥：《宪法学教程》，王文利等译，春风文艺出版社、辽海出版社 1999 年版。

66. ［法］埃米尔·涂尔干：《社会分工论》，渠东译，生活·读书·新知三联书店 2000 年版。

67. ［法］让－雅克·迪贝卢等：《社会保障法》，蒋将元译，法律出版社 2002 年版。

68. ［美］约翰·罗尔斯：《正义论》，何怀宏、何包钢、廖申白译，中国社会科学出版社 1988 年版。

69. ［美］泰格、利维：《法律与资本主义的兴起》，纪琨译，学林出版社 1996 年版。

70. ［美］迈克尔·D. 贝勒斯：《法律的原则——一个规范的分析》，张文显等译，中国大百科全书出版社 1996 年版。

71. ［美］史蒂文·瓦戈：《社会变迁》，王晓黎等译，北京大学出版社 2007 年版。

72. ［日］一番ケ濑康子：《社会福利基础理论》，沈洁、赵军译，华中师范大学出版社 1998 年版。

73. ［日］大须贺明：《生存权论》，林浩译，法律出版社 2001 年版。

74. ［英］洛克：《政府论（下篇）》，叶启芳、瞿菊农译，商务印书馆 1964 年版。

75. ［英］A. J. M. 米尔恩：《人的权利与人的多样性——人权哲学》，夏勇、张志铭译，中国大百科全书出版社 1995 年版。

76. ［英］鲍桑葵：《关于国家的哲学理论》，汪淑钧译，商务印书馆 1995 年版。

77. ［英］霍布豪斯：《自由主义》，朱曾汶译，商务印书馆 1996 年版。

78. ［英］罗伯特·伊斯特：《社会保障法》，周长征等译，中国劳动社会保障出版社 2003 年版。

79. ［英］丹尼斯·罗伊德：《法律的理念》，张茂柏译，新星出版社 2005 年版。

80. ［英］H. L. A. 哈特：《法律的概念》，许家馨、李冠宜译，法律出版 社 2006 年版。

二、论文

1. 杜钢建："析生活权与生存权"，载《贵州省政治管理干部学院学报》 1996 年第 2 期。

2. 黄列："中国的家庭生活权及其保障"，载刘海年主编：《〈经济、社会 和文化权利国际公约〉研究》，中国法制出版社 2000 年版。

3. 刘俊海："论社会权的保护及《经社文公约》在中国的未来实施"，载 刘海年主编：《〈经济、社会和文化权利国际公约〉研究》，中国法制 出版社 2000 年版。

4. 朱科蓉、李春景、周淑琴："'农村留守子女'学习状况分析与建议"， 载《教育科学》2002 年第 4 期。

5. 俞可平："全球治理引论"，载俞可平主编：《全球化：全球治理》，社 会科学文献出版社 2003 年版。

6. 郑秉文："围绕美国社会保障'私有化'的争论"，载《国际经济评 论》2003 年第 1 期。

7. 王春光："农民工在流动中面临的社会体制问题"，载《中国党政干部 论坛》2004 年第 4 期。

8. 李强："三元社会结构与城市农民工"，载李强：《农民工与中国社会 分层》，社会科学文献出版社 2004 年版。

9. 吴霓等："农村留守儿童问题调研报告"，载《教育研究》2004 年第 10 期。

10. 周宗奎等："农村留守儿童心理发展与教育问题"，载《北京师范大 学学报（社会科学版）》2005 年第 1 期。

11. 段成荣、周福林："我国留守儿童状况研究"，载《人口研究》2005

年第 1 期。

12. 罗国芬："从 1000 万到 1.3 亿：农村留守儿童到底有多少"，载《青年探索》2005 年第 2 期。

13. 陈苇、谢京杰："论'儿童最大利益优先原则'在我国的确立"，载《法商研究》2005 年第 5 期。

14. 叶敬忠等："对留守儿童问题的研究综述"，载《农业经济问题》2005 年第 10 期。

15. 罗国芬等："留守儿童调查有关问题的反思"，载《青年探索》2006 年第 3 期。

16. 郝振、崔丽娟："留守儿童界定标准探讨"，载《中国青年研究》2007 年第 10 期。

17. 姚建龙："国家亲权理论与少年司法——以美国少年司法为中心的研究"，载《法学杂志》2008 年第 3 期。

18. 王进鑫："青春期留守儿童性安全问题调查研究"，载《青年研究》2008 年第 9 期。

19. 刘靖："非农就业、母亲照料与儿童健康——来自中国乡村的证据"，载《经济研究》2008 年第 9 期。

20. 全国妇联课题组：《全国农村留守儿童状况研究报告》（2008 年 3 月 5 日发布）。

21. 段成荣等："我国农村留守儿童最新状况与分析"，载《重庆工商大学学报（社会科学版）》2009 年第 1 期。

22. 宋月萍、张耀光："农村留守儿童的健康以及卫生服务利用状况的影响因素分析"，载《人口研究》2009 年第 6 期。

23. 范兴华等："流动儿童、留守儿童与一般儿童社会适应比较"，载《北京师范大学学报（社会科学版）》2009 年第 5 期。

24. 成刚等："中国中西部农村寄宿制中小学调查"，载杨东平主编：《中国教育发展报告》，社会科学文献出版社 2009 年版。

25. 陈在余："中国农村留守儿童营养与健康状况分析"，载《中国人口科学》2009 年第 5 期。

26. 徐国栋："国家亲权与自然亲权的斗争与合作"，载陈小君主编：《私法研究（第 10 卷）》，法律出版社 2011 年版。

27. 徐国栋："普通法中的国家亲权制度及其罗马法根源"，载《甘肃社会科学》2011 年第 1 期。

28. 谭深："中国农村留守儿童研究述评"，载《中国社会科学》2011 年第 1 期。

29. 庞丽娟："加快推进《学前教育法》立法进程"，载《教育研究》2011 年第 8 期。

30. 许传新："家庭教育：'流动家庭'与'留守家庭'的比较分析"，载《中国青年研究》2012 年第 5 期。

31. 余晖、黄亚婷："以普惠性为导向设定农民工随迁子女学前教育机构准入标准——基于北京市政策与实践的分析"，载《学前教育研究》2013 年第 2 期。

32. 段成荣等："我国农村留守儿童生存和发展基本状况——基于第六次人口普查数据的分析"，载《人口学刊》2013 年第 3 期。

33. 曹红梅："农村留守儿童性安全同伴教育效果分析——四川省达州市三所农村中学调查研究"，载《现代教育科学》2013 年第 10 期。

34. 雷超超："中国农业劳动力转移的动因及机理研究（1978—2011）"，华南理工大学 2013 年博士学位论文。

35. 华桦："'异地高考'政策推进策略——基于国家－地方－个体的视角"，载《当代青年研究》2014 年第 5 期。

36. 刘松山："立法规划之淡化与反思"，载《政治与法律》2014 年第 12 期。

37. 崔嵩、周振、孔祥智："父母外出对留守儿童营养健康的影响研究——基于 PSM 的分析"，载《农村经济》2015 年第 2 期。

38. 叶金国、仇晓洁："中国农村社会保障财政资源配置问题及其对策研究"，载《河北学刊》2015 年第 4 期。

39. 全国妇联课题组：《我国农村留守儿童、城乡流动儿童状况研究报告》（2013 年 5 月 10 日发布）。

40. ［英］伯林："关于《两种自由概念》"，载刘军宁等编：《公共论丛：市场社会与公共秩序》，生活·读书·新知三联书店 1996 年版。

41. ［挪］A. 埃德："国际人权法中的充足生活水准权"，载刘海年主编：《〈经济、社会和文化权利国际公约〉研究》，中国法制出版社 2000 年版。

42. 史尚宽："法律之理念与经验主义法学之综合"，载潘维和等著、刁荣华主编：《中西法律思想论集》，台湾汉林出版社 1984 年版。